Hefei Huang und Dieter Ziethen

Unvergessliches Chinesisch
Stufe B

Arbeitsbuch

3. Auflage

Hefei Huang und Dieter Ziethen

Unvergessliches Chinesisch
Stufe B
Arbeitsbuch

3. Auflage

Mit 114 Schriftzeichen,
185 Vokabeln
und 147 Übungen

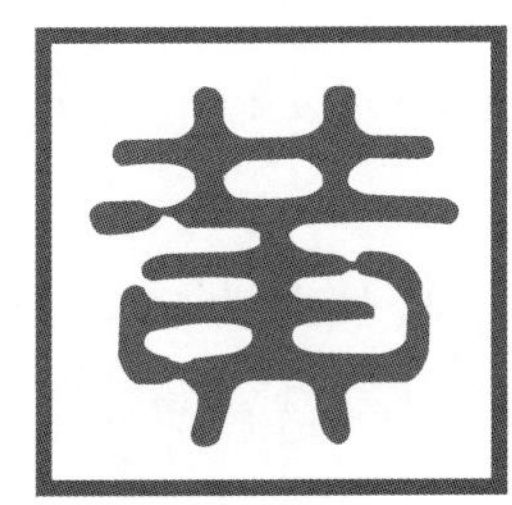

Hefei Huang Verlag

Die Autoren:

Hefei Huang (黄鹤飞) hat in China Germanistik und in Deutschland internationales Marketing (MBA) studiert. Das Studium hat sie durch den Erwerb des staatlichen Lehrerzertifikats für „Chinesisch als Fremdsprache“ in Peking ergänzt. Neben ihrer Tätigkeit als Geschäftsführerin der Hefei Huang Verlag GmbH engagiert sie sich in ihrer freien Zeit als Buchautorin für chinesisches Lehrmaterial und hat in Deutschland mehr als 40 Bücher veröffentlicht. Sie war Dozentin an der Technischen Hochschule Mittelhessen und gibt jetzt Chinesischunterricht an dem Gymnasium Seligenthal, der Fremdsprachenschule Landshut, der Volkshochschule Gröbenzell sowie in einer von ihr gegründeten Sprachschule (www.sprachschule-huang.de). Darüber hinaus hält sie Inhouse-Firmenkurse im Großraum München. Als Mitglied der „International Society for Chinese Language Teaching“ und des „Fachverbands Chinesisch e. V.“ hat sie viele Beiträge zu dem Thema „Chinesisch lernen und lehren“ geleistet.

Dieter R. Ziethen ist Projektleiter bei der „MAN Truck & Bus AG“ und hat oft Kontakt mit Softwarezulieferern aus Asien. Durch seine Erfahrungen beim Erlernen der japanischen und chinesischen Sprache sind ihm die Probleme vertraut, die ein Deutscher mit einer ostasiatischen Sprache haben kann. Diese Erfahrungen und die typischen Sprachbedürfnisse, die er aus alltäglichen Situationen kennt, sind in das Buch eingeflossen.

Bibliografische Information der Deutschen Bibliothek

Die Deutsche Bibliothek verzeichnet diese Publikation in der Deutschen Nationalbibliographie. Detaillierte bibliografische Daten sind im Internet über http://dnb.ddb.de abrufbar.

ISBN 978-3-940497-07-9, 3. Auflage

www.huang-verlag.de

Gedruckt in Deutschland

Inhaltsverzeichnis

Einleitung

Ziel der Lehrbuchreihe „Unvergessliches Chinesisch" ist es, neben dem Sprechen auch das Lesen und Schreiben der chinesischen Schrift zu vermitteln. Aus diesem Grund ist in das Lehrwerk ein Arbeitsbuch integriert.

In dem Arbeitsbuch werden das Schreiben und Lesen geübt. Jedes neue Schriftzeichen wird ausführlich eingeführt. Um das Schreiben gleich richtig zu lernen, sind zu jedem Zeichen die Anzahl und Reihenfolge der Striche dargestellt. Schreibübungen der neuen Vokabeln, Grammatikübungen, Übersetzungen und Wortspiele runden das Arbeitsbuch ab. Um einem Selbstlerner eine Eigenkontrolle zu ermöglichen, sind im Anhang des Arbeitsbuches die Lösungen aller Aufgaben dokumentiert.

Didaktik

Das Arbeitsbuch sollte kontinuierlich neben dem Lehrbuch verwendet werden. Es empfiehlt sich, alle Übungen des Arbeitsbuchs zu einer Lektion zu bearbeiten, bevor mit einer neuen Lektion begonnen wird. Der Übungseffekt ist dann am größten, wenn täglich eine Seite des Arbeitsbuchs bearbeitet wird. Auf diese Weise verankert sich das Wissen langsam und ohne Mühe.

Als Ergänzung zum Arbeitsbuch werden folgende Lernmaterialien empfohlen:

- Trainings-CD-ROM
- Vokabelkarten

Um zu Hause das spontane Sprechen lernen und trainieren zu können, sind die Texte, Dialoge und Übungen des Lehrbuches auf Audio-CD-ROMs vorhanden. Für einen optimalen Übungseffekt wird konsequent ein Wort oder ein Mustersatz zuerst auf Deutsch und dann auf Chinesisch gesprochen. Je eine Sprechpause nach dem deutschen und dem chinesischen Ausdruck geben dem Lernenden die Möglichkeit, eigenständig den chinesischen Ausdruck zu formulieren und anschließend korrekt zu wiederholen. Dadurch werden aktiv Sprach- und Hörvermögen sowie Aussprache parallel trainiert.

Grundlage einer jeden Sprache ist der Wortschatz. Um den Wortschatz flexibel unterwegs üben zu können, verfügt das Lehrwerk über Vokabelkarten. Mit den Vokabelkarten kann nicht nur der Wortschatz erweitert werden, sondern mit der richtigen Methodik können auch das Schreiben und Sprechen trainiert werden. Die Vokabelkarten gibt es in drei Varianten:

- Selbstausdruck
  Die Vokabelkarten können kostenlos zum Selbstausdrucken auf der Webseite www.huang-verlag.de unter der Rubrik „Kostenlose Vokabelkarten" heruntergeladen werden.
- Lernkarten
  Die Vokabelkarten zu den Stufen A bis D sind aus Pappe als „Lernkarten Unvergessliches Chinesisch - Stufen A bis D" unter der EAN „4280000116-05-5" in unserem Webshop www.huang-shop.de erhältlich.
- App
  Mit der App „Phase 6" können die Vokabeln mobil auf dem Handy oder PC trainiert werden. Die Vokabelkarten können bei Phase 6 als Lerninhalt erworben werden. Alle Vokabelkarten sind vertont, so dass man beim Lernen zugleich die Aussprache kontrollieren und üben kann. Mehr Informationen gibt es unter www.phase-6.de.

Es ist sehr effizient, wenn täglich etwa 15 min gelernt wird.

Damit wird mehr gelernt, als an einem halben Tag am Wochenende!

Lektion B1: Haben Sie vielleicht auch Kinder?

第一课
dì yī kè

Bitte bearbeiten Sie die aufgeführten Übungen. Es empfiehlt sich, jeden Tag nur einen Abschnitt zu bearbeiten, damit sich das Wissen langsam vertieft.

Schriftzeichen

Bitte schreiben Sie die neuen Schriftzeichen in die unten aufgeführten Kästchen. Achten Sie auf die Strichreihenfolge und versuchen Sie, formschöne Zeichen zu schreiben. Die grauen Zeichen können überschrieben werden und dienen dazu, Ihnen ein Gefühl der Zeichen zu vermitteln.

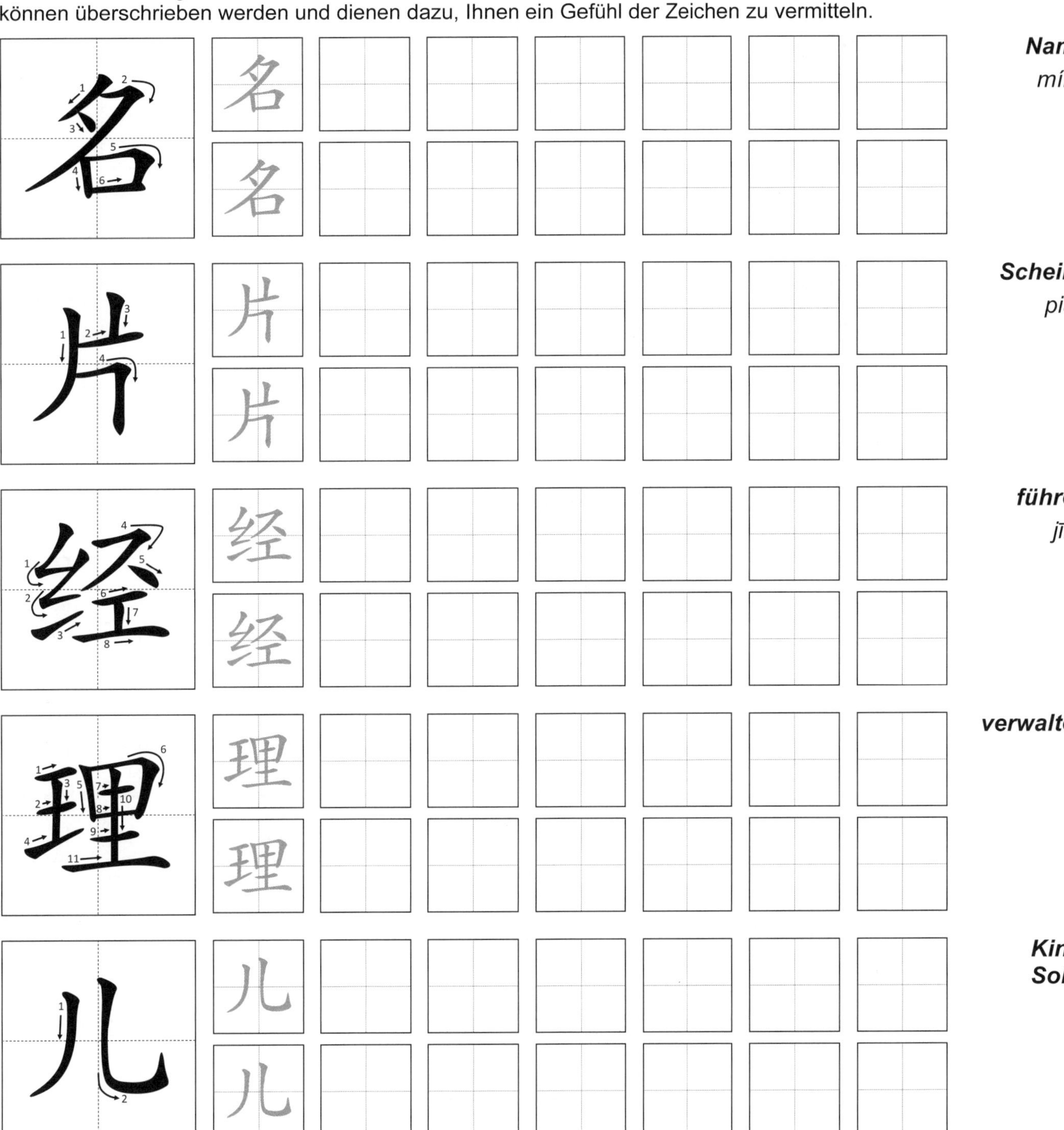

Name
míng

Scheibe
piàn

führen
jīng

verwalten
lǐ

Kind, Sohn
ér

ZEW
gè

Junge
zǐ

Kind
hái

Vokabeln

Bitte üben Sie das Schreiben der neuen Vokabeln. Sprechen Sie bei jedem Zeichen laut die chinesische Aussprache.

Visitenkarte

Manager, -in

Tochter

ZEW (Personen)

Sohn

Kind

Tasse

Teller

Flasche

Ehemann, Herr

Grammatik

Bitte ordnen Sie die aufgeführten Sätze in der richtigen Reihenfolge und schreiben Sie diese in die leeren Kästchen. Lesen Sie jeden Satz anschließend laut auf Chinesisch.

Satzteile	Richtige Reihenfolge	Wiederholung
1. 这，不，的，是，冰啤酒，你，是		
2. 没，有，有，你们，热茶		
3. 小红，懂，牛*)，不，懂 *) Nachname		
4. 名片，有，没，您，有		
5. 你，有，有，孩子，没		
6. 您，是，不，经理，是		
7. 叫，你，的，叫，小名，不，儿子		

Struktur der Schriftzeichen

Bitte betrachten Sie die aufgeführten Schriftzeichen und ordnen Sie die passenden Schriftzeichenstrukturen und Radikale zu, indem Sie jeweils ein Schriftzeichen, eine Schriftzeichenstruktur und ein Radikal durch eine Kurve verbinden.

名		子
片		片
经		子
理		纟
儿		人
个		夕
孩		儿
子		王

Nachschlagen im Wörterbuch

Die folgenden Schriftzeichen kennen Sie vermutlich noch nicht. Bitte schlagen Sie deren Bedeutung in einem Wörterbuch nach! Ermitteln Sie vorher das Radikal, die Strichzahl des Radikals und die Reststrichzahl. Wie das geht, steht im Anhang I von Stufe A.

Zeichen	Radikal	Strichzahl Radikal	Rest-strichzahl	Pinyin	Bedeutung
热	灬	4	6	rè	warm
难					
忘					
记					

Lektion B2: Ich kann nur ein bisschen Chinesisch.

第二课

dì èr kè

Bitte bearbeiten Sie die aufgeführten Übungen. Es empfiehlt sich, jeden Tag nur einen Abschnitt zu bearbeiten, damit sich das Wissen langsam vertieft.

Schriftzeichen

Bitte schreiben Sie die neuen Schriftzeichen in die unten aufgeführten Kästchen. Achten Sie auf die Strichreihenfolge und versuchen Sie, formschöne Zeichen zu schreiben. Die grauen Zeichen können überschrieben werden und dienen dazu, Ihnen ein Gefühl der Zeichen zu vermitteln.

äußerst
tài

Regel
lǜ

Sprache
yǔ

innen
lǐ

nur
zhǐ

können
huì

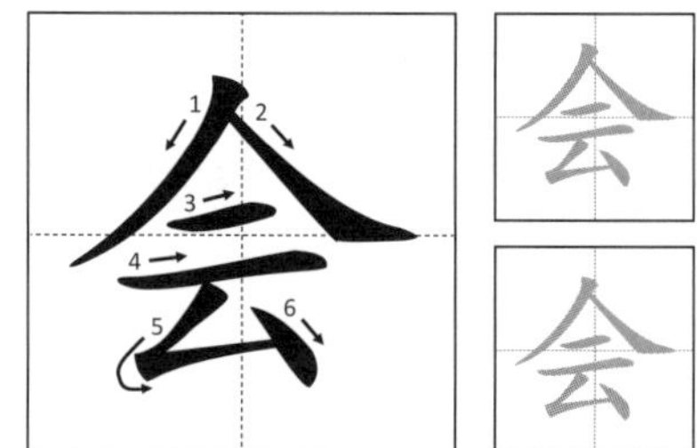

Tropfen
diǎn

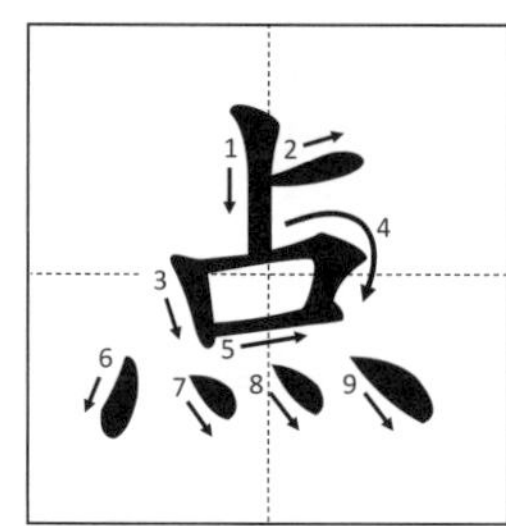

Vokabeln

Bitte üben Sie das Schreiben der neuen Vokabeln. Sprechen Sie bei jedem Zeichen laut die chinesische Aussprache.

Gattin

Rechtsanwalt, -in

gehört haben

Nicht der Rede wert!

nur

können

ein bisschen

Essen kochen

lernen

Deutsch

Deutsch sprechen

Grammatik

Bitte ordnen Sie die aufgeführten Sätze in der richtigen Reihenfolge und schreiben Sie diese in die leeren Kästchen. Lesen Sie jeden Satz anschließend laut auf Chinesisch.

Satzteile	Richtige Reihenfolge	Wiederholung
1. 不，我，说，妈妈，德语，会		
2. 只，我们，冰，有，啤酒		
3. 会，我，德，只，说，语		
4. 的，我，不，会，女儿，烧饭		
5. 牛，一点儿，只，律师，懂，德语		
6. 我，经理，的，听说，德语，谢，很好		
7. 叫，我，你，的，儿子，听说，小理		
8. 会，我，饭，烧		

Können

Bitte vervollständigen Sie die unten stehenden Sätze gemäß der Musterfrage und -antwort:

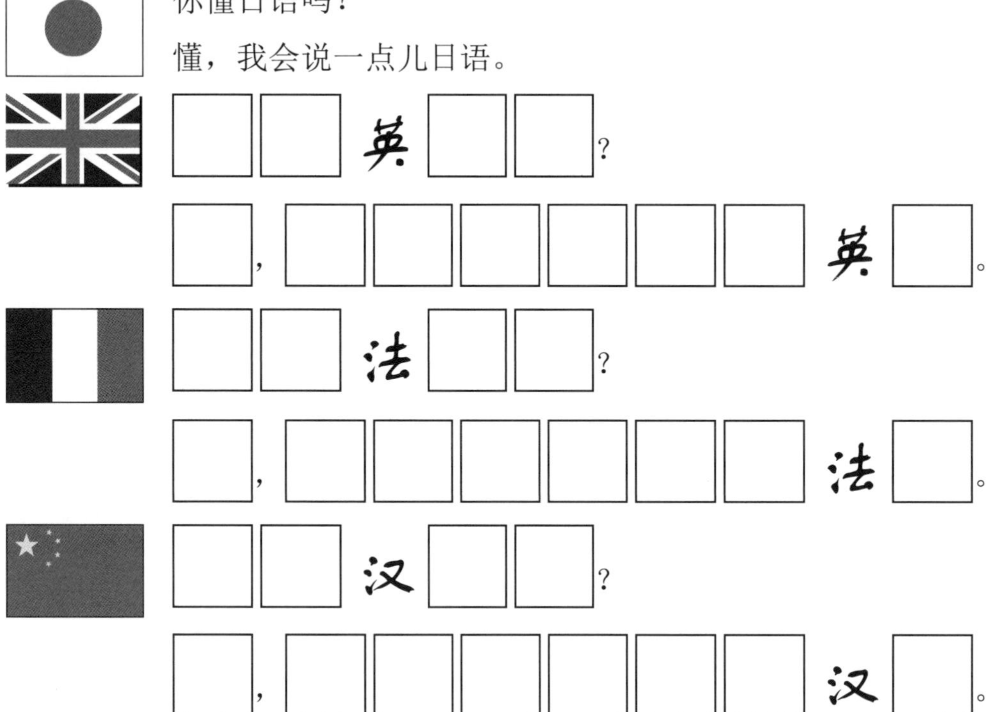

Nur

Bitte vervollständigen Sie die unten stehenden Sätze gemäß der Musterfrage und -antwort.

1. 她只喝热茶吗？ (喝热茶)
   不，她也喝冰可乐。 (喝冰可乐)
2. ？ (学德语)
   ，汉。 (学汉语)
3. ？ (会用瓶子喝水)
   ，。 (会用杯子喝水)
4. ？ (有一个儿子)
   ，。 (有一个女儿)

Übersetzung

Bitte übersetzen Sie die folgenden Sätze ins Chinesische. Schreiben Sie dabei die Übersetzung in chinesischen Schriftzeichen.

1. Entschuldigung, ich höre, aber verstehe nicht! Ich verstehe nur Deutsch.

   □□□，□□□□！
   □□□□□。

2. Kann sie kochen?

   □□□□□？

3. Meine Tochter möchte nur ein bisschen essen.

   □□□□□□□□
   □□□。

4. Ich habe gehört, eiskaltes deutsches Bier schmeckt sehr gut.

   □□□，□□□□□
   □□□。

5. Möchte sie vielleicht Deutsch lernen?

   □□□□□□□？

6. Hat Manager Tang vielleicht eine Visitenkarte?

   □□□□□□□□？

7. Meine Kinder können auch nur ein bisschen Deutsch sprechen.

   □□□□□□□□
   □□□□□。

8. Wir haben nur eine Kanne warmes Wasser.

   □□□□□□□□。

9. Rechtsanwalt Xies Gattin liebt es, Rotwein zu trinken.

   □□□□□□□□
   □□□□。

10. Nicht der Rede wert!

    □□，□□！

Struktur der Schriftzeichen

Bitte betrachten Sie die aufgeführten Schriftzeichen und ordnen Sie die passenden Schriftzeichenstrukturen und Radikale zu, indem Sie jeweils ein Schriftzeichen, eine Schriftzeichenstruktur und ein Radikal durch eine Kurve verbinden.

太 亻

律 口

语 里

里 灬

只 大

会 讠

点 人

Nachschlagen im Wörterbuch

Die folgenden Schriftzeichen kennen Sie vermutlich noch nicht. Bitte schlagen Sie deren Bedeutung in einem Wörterbuch nach! Ermitteln Sie vorher das Radikal, die Strichzahl des Radikals und die Reststrichzahl. Wie das geht, steht im Anhang I von Stufe A.

Zeichen	Radikal	Strichzahl Radikal	Rest-strichzahl	Pinyin	Bedeutung
经	纟	3	5	jīng	führen
声					
读					
树					
风					

Lektion B3: Um wie viel Uhr öffnet das Café?

第三课
dì sān kè

Bitte bearbeiten Sie die aufgeführten Übungen. Es empfiehlt sich, jeden Tag nur einen Abschnitt zu bearbeiten, damit sich das Wissen langsam vertieft.

Schriftzeichen

Bitte schreiben Sie die neuen Schriftzeichen in die unten aufgeführten Kästchen. Achten Sie auf die Strichreihenfolge und versuchen Sie, formschöne Zeichen zu schreiben. Die grauen Zeichen können überschrieben werden und dienen dazu, Ihnen ein Gefühl der Zeichen zu vermitteln.

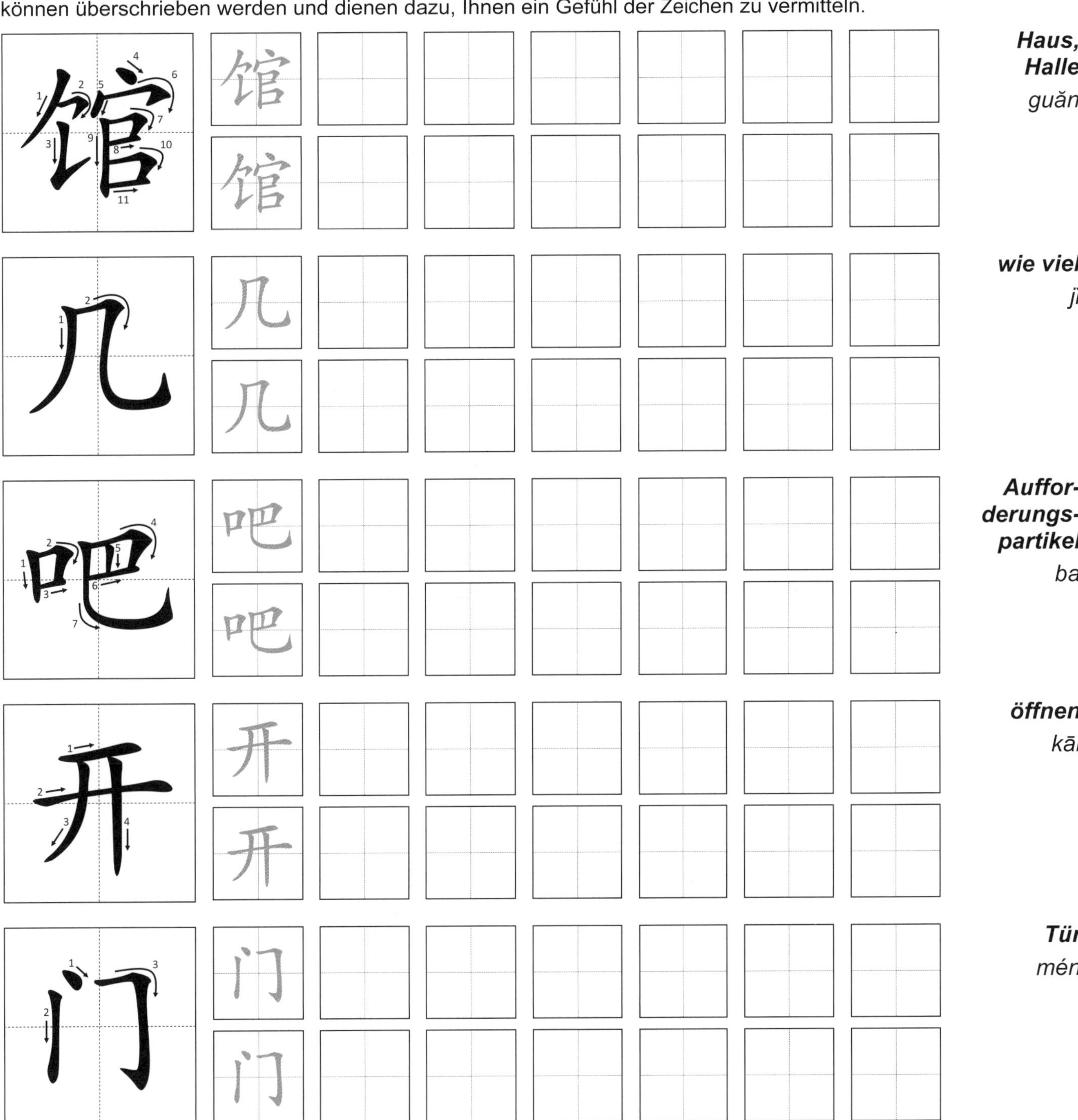

Haus, Halle
guǎn

wie viel
jǐ

Aufforderungspartikel
ba

öffnen
kāi

Tür
mén

Zehn
shí

früh; Morgen
zăo

Vokabeln

Bitte üben Sie das Schreiben der neuen Vokabeln. Sprechen Sie bei jedem Zeichen laut die chinesische Aussprache.

Café

Teehaus

Restaurant

wie viel

Wie viel Uhr?

öffnen

Tür

Türe öffnen

zehn

Aufforderungspart.

morgens

Grammatik

Bitte ordnen Sie die aufgeführten Sätze in der richtigen Reihenfolge und schreiben Sie diese in die leeren Kästchen. Lesen Sie jeden Satz anschließend laut auf Chinesisch.

Satzteile	Richtige Reihenfolge	Wiederholung
1. 馆，咖啡，点，几，开门		
2. 两，馆，饭，开门，点		
3. 喝，我们，冰，啤酒，晚上，吧		
4. 十，茶，点，开门，馆，早上		
5. 想，我，晚上，烤鸭，吃		
6. 晚上，我，牛奶，喝，们，吧		
7. 几，你，点，吃饭，想，早上		
8. 律师，我，汤，邀请，们，吧，只		

Uhrzeiten

Bitte schreiben Sie als Zahl zwischen 01 und 24 die aufgeführten Uhrzeiten um.

Beispiel: 晚上十点 → 22 Uhr

早上三点　　晚上九点　　晚上七点

早上八点　　早上九点　　早上十点

Bitte schreiben Sie die abgebildeten Uhrzeiten auf Chinesisch:

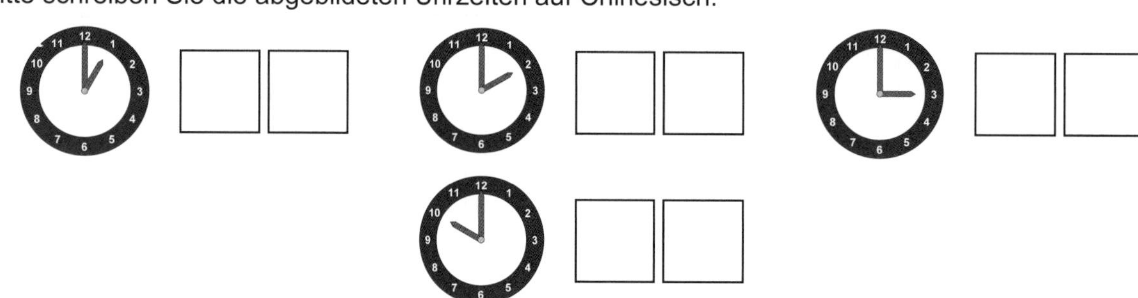

Aufforderung

Bitte lesen Sie den Mustersatz und bilden Sie weitere Aufforderungssätze, indem Sie den unterstrichenen Satzteil mit den abgebildeten Wörtern ersetzen. Bitte wählen Sie das passende Verb und Zähleinheitswort selbst. Nicht immer wird ein Zähleinheitswort benötigt!

Mustersatz: 我们<u>晚上喝三瓶啤酒</u>吧！

早上，两，咖啡

晚上，一，葡萄酒

早上十点，饭

晚上，白老师

晚上十点，德语

晚上，三，猪肉汤

早上，一，中国茶

Übersetzung

Bitte übersetzen Sie die folgenden Sätze ins Chinesische. Schreiben Sie dabei die Übersetzung in chinesischen Schriftzeichen.

1. Um wie viel Uhr öffnet das Restaurant? □□□□□□?
2. Was für ein Saft ist dies? □□□□□□?
3. Entschuldigung, ich kann nicht verstehen! □□□，□□□□！
4. Bitte öffne die Türe! □□□！
5. Meine Frau liebt eiskalten Saft. □□□□□□□□。
6. Wir trinken um 10 Uhr morgens eine Kanne Tee, wie wär's? □□□□□□□ □□□，□□?
7. Achtung! Der Kaffee ist sehr heiß! □□！□□□□！
8. Liebst du nur schwarzen Tee? □□□□□□□?
9. Das Teehaus öffnet um 3 Uhr. □□□□□□。
10. Kannst du auch nur Deutsch sprechen? □□□□□□□□?
11. Möchtest du um zwei Uhr Kaffee trinken? □□□□□□□□?
12. Ich habe gehört, ihr trinkt abends französischen Rotwein. □□□，□□□□□ 法□□□□□。
13. Habt ihr vielleicht gebackene Ente? □□□□□□□?

14. Rechtanwalt Bai, danke für Ihre Einladung! Auf Wiedersehen!

□□□, □□□□□

□! □□!

15. Guten Abend, Frau Xie! Bitte kommen Sie herein!

□□□, □□□! □□!

16. Nicht der Rede wert! Trink doch!

□□, □□! □□□!

Struktur der Schriftzeichen

Bitte betrachten Sie die links aufgeführten Schriftzeichen und die rechts abgebildeten Strukturen. Schreiben Sie alle Schriftzeichen, die Sie einer Struktur zuordnen können, in die freien Kästchen.

馆	语	烫	点
经	会	几	老
门	茶	太	早
热	名	吧	律
十	只	理	您

□□□□□□

□□□□

□□□□

□□□□

□□

Nachschlagen im Wörterbuch

Bitte schlagen Sie die folgenden Schriftzeichen in einem Wörterbuch nach!

Zeichen	Radikal	Strichzahl Radikal	Rest-strichzahl	Pinyin	Bedeutung
菜					
休					
息					

Lektion B4: Uhrzeit

第四课
dì sì kè

Bitte bearbeiten Sie die aufgeführten Übungen. Es empfiehlt sich, jeden Tag nur einen Abschnitt zu bearbeiten, damit sich das Wissen langsam vertieft.

Schriftzeichen

Bitte schreiben Sie die neuen Schriftzeichen in die unten aufgeführten Kästchen. Achten Sie auf die Strichreihenfolge und versuchen Sie, formschöne Zeichen zu schreiben. Die grauen Zeichen können überschrieben werden und dienen dazu, Ihnen ein Gefühl der Zeichen zu vermitteln.

unten
xià

Mittag
wǔ

Zwei
èr

Vier
sì

Fünf
wǔ

Sechs
liù

六 六

Sieben
qī

七 七

Acht
bā

八 八

Neun
jiŭ

九 九

Vokabeln

Bitte üben Sie das Schreiben der neuen Vokabeln. Sprechen Sie bei jedem Zeichen laut die chinesische Aussprache.

Vormittag

Mittag

Nachmittag

Zwei

Vier

Fünf

Sechs

Sieben

Acht

Neun

Elf

Zwölf

Frühstück

Mittag-
essen

Abend-
essen

Grammatik

Bitte ordnen Sie die aufgeführten Sätze in der richtigen Reihenfolge und schreiben Sie diese in die leeren Kästchen. Lesen Sie jeden Satz anschließend laut auf Chinesisch.

Satzteile | **Richtige Reihenfolge** | **Wiederholung**

1. 点，女儿，吃，我，六，晚上，晚饭
2. 早上，咖啡，八，开门，馆，点
3. 十一，饭馆，中午，开门，点

4. 果汁，下午，四，我太太，点，喝

5. 喝，点，你，晚上，啤酒，八，吗

6. 几，学，的，点，德语，他，儿子

7. 红烧，牛肉，爱，我爸爸，吃

8. 我们，晚上，点，几，德，孩子，语，学，的

Uhrzeit

Bitte beschriften Sie die beiden Uhren auf Chinesisch mit Uhrzeiten von 1 Uhr bis 12 Uhr sowie Zeitangaben an den grauen Balken.

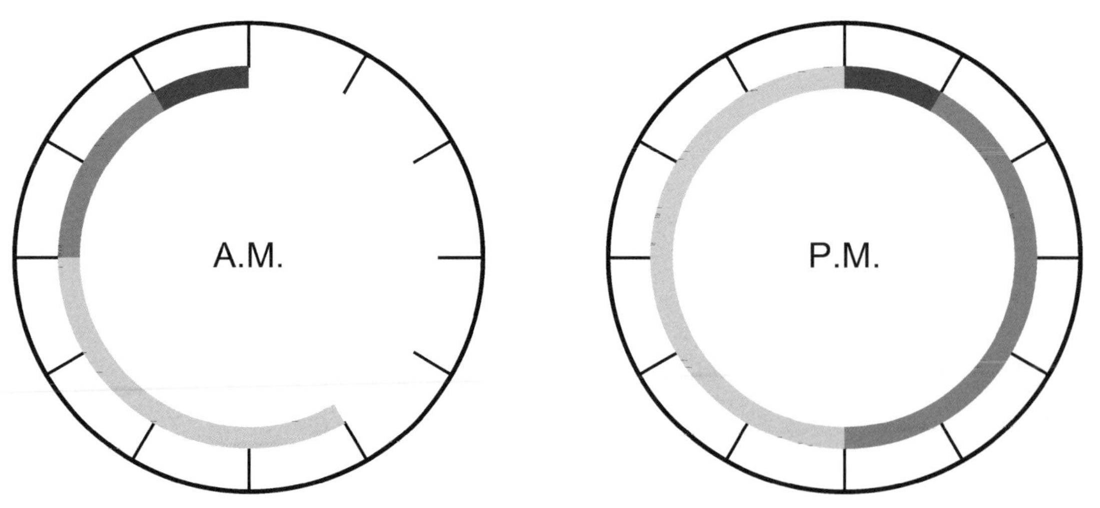

Warm und kalt

Bitte lesen Sie den Mustersatz. Wählen Sie anschließend aus der Wortewolke zusammengehörige Worttripel aus. Bilden Sie gemäß des Mustersatzes Sätze und schreiben Sie diese in die Kästchen.

Mustersatz: 早上六点很冷。我喝热奶茶。

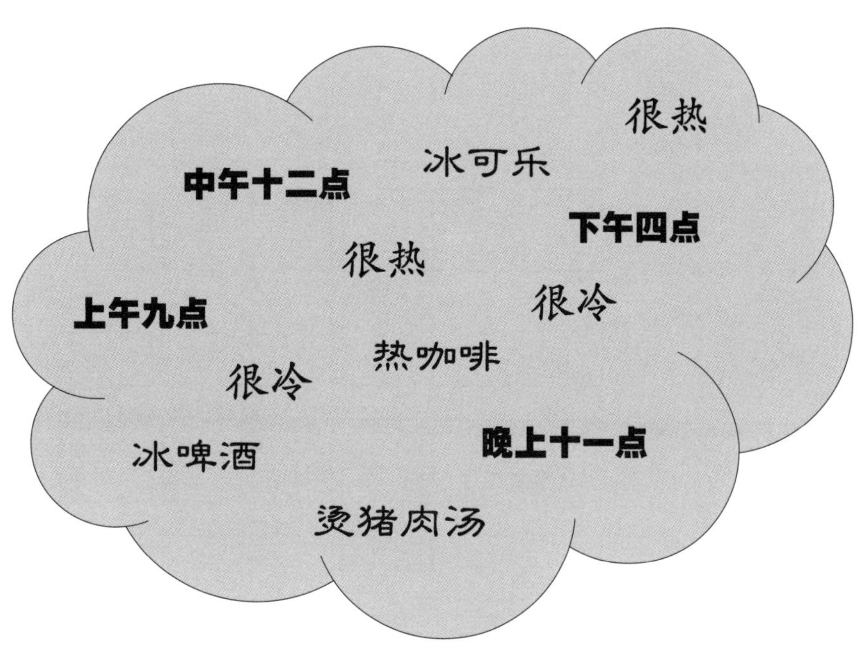

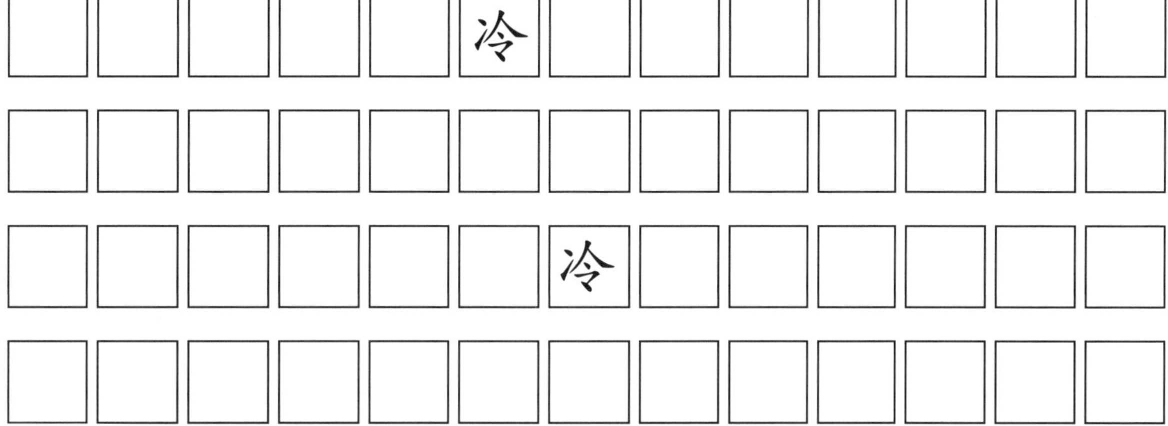

Handschrift

Bitte lesen Sie die handschriftliche Notiz und schreiben Sie den Text ab.

你好。我姓谢。
我是老师。我是
中国人。我爱早
上七点喝热咖
啡。

Übersetzung

Bitte übersetzen Sie die folgenden Sätze ins Chinesische. Schreiben Sie dabei die Übersetzung in chinesischen Schriftzeichen.

1. Hast du nur Manager Lis Visitenkarte? □□□□□□□□□□?
2. Aus welchem Land kommt dieser Saft? □□□□□□?
3. Bitte bringen Sie zwei kleine Schüsseln Reis! □□□□□□!
4. Um wie viel Uhr öffnet nachmittags das Restaurant? □□□□□□□□?
5. Lass uns eiskalte Cola trinken! □□□□□□□!
6. Die Kinder trinken mittags um 12 Uhr Rindfleischsuppe, wie wär's? □□□□□□□□□□□□, □□?
7. Können Sie vielleicht Deutsch sprechen? □□□□□□□?
8. Ich möchte einen Teller gebratenen Fisch in Sojasouce essen. □□□□□□□□。
9. Du fragst mich? Ich trinke um 7 Uhr abends zwei kleine Gläser Reisschnaps. □□□□? □□□□□□□□□□□。
10. Chinesischer grüner Tee schmeckt sehr gut. □□□□□□□。
11. Mutti möchte mittags Hühnerfleisch essen! □□□□□□□□!
12. Ich habe gehört, du hast Kaffeekannen. □□□, □□□□□。

Lektion B5: Ich möchte jetzt zur Bank gehen.

第五课
dì wǔ kè

Bitte bearbeiten Sie die aufgeführten Übungen. Es empfiehlt sich, jeden Tag nur einen Abschnitt zu bearbeiten, damit sich das Wissen langsam vertieft.

Schriftzeichen

Bitte schreiben Sie die neuen Schriftzeichen in die unten aufgeführten Kästchen. Achten Sie auf die Strichreihenfolge und versuchen Sie, formschöne Zeichen zu schreiben. Die grauen Zeichen können überschrieben werden und dienen dazu, Ihnen ein Gefühl der Zeichen zu vermitteln.

hingehen
qù

Uhr; Glocke
zhōng

gegenwärtig
xiàn

sich befinden
zài

Silber
yín

Reihe
háng

行 行 行

schließen
guān

关 关 关

Vokabeln

Bitte üben Sie das Schreiben der neuen Vokabeln. Sprechen Sie bei jedem Zeichen laut die chinesische Aussprache.

hingehen

Uhr

jetzt

Bank

schließen

Türe schließen

sich treffen

Jede der unten aufgeführten Wortreihen bildet eine Wortgruppe. Ein Wort der Wortreihe passt logisch nicht in die Wortgruppe. Schreiben Sie dieses Wort in die Kästchen auf der rechten Seite.

谢谢，对不起，没关系，再见，德国人

牛肉，葡萄，猪肉，鸡肉，鱼

可乐，果汁，水果，咖啡，啤酒，英国茶

老师，学生，先生，中国，美国人

喝茶，吃饭，三碗饭，想妈妈，爱她

邮局，银行，咖啡馆，咖啡，饭馆

上午，三点，三盘，中午，两点

美国啤酒，两盘鱼，爱吃鱼，日本绿茶，法国咖啡

Bitte suchen Sie die aufgeführten Worte und Sätze in dem Schriftzeichenwürfel. Die chinesischen Worte und Sätze sind entweder von oben nach unten oder von links nach rechts geschrieben. Markieren Sie die gefundenen Schriftzeichen wie im Beispiel dargestellt.

Worte und Sätze:

~~1. Eiskaffee~~
2. Bank
3. jetzt
4. Post
5. Oh!
6. 22 Uhr
7. Abendessen
8. Restaurant
9. Türe schließen
10. kühl
11. hören
12. nicht verstehen
13. Entschuldigung!
14. Milchtee

二	邮	奶	哦	听	银
十	局	茶	晚	关	行
二	饭	馆	饭	门	凉
点	冰	咖	啡	现	在
钟	对	不	起	不	懂

Grammatik

Bitte ordnen Sie die aufgeführten Sätze in der richtigen Reihenfolge und schreiben Sie diese in die leeren Kästchen. Lesen Sie jeden Satz anschließend laut auf Chinesisch.

Satzteile	Richtige Reihenfolge	Wiederholung
1. 两，现在，点，下午，钟，是		
2. 中，我，去，想，国		

3. 咖啡，去，馆，现在，我，太太

4. 点，去，他，十一，们，上午，银行

5. 八，晚上，点，关，银行，门

6. 几，饭馆，开，点，门

7. 开，茶馆，点，上午，九，门

8. 钟，现在，几，点，是

9. 下午，我，吃，点，六，红烧鱼，想

10. 十七，银，点，关，行，门

11. 不，饭，在，开，馆，门，现

Bitte lesen Sie die Aussagesätze und fragen Sie nach den Satzteilen, die links von den leeren Fragezeilen aufgeführt sind. Schreiben Sie die Fragen in die vorgesehenen Zeilen.

谢小姐下午四点喝咖啡。

谢小姐 ______ ______ ______ ______ ______ ______ ______ ______?

四 ______ ______ ______ ______ ______ ______ ______ ______ ______ ______?

咖啡 ______ ______ ______ ______ ______ ______ ______ ______ ______ ______?

她是谢老师的德国学生。

谢老师 ______ ______ ______ ______ ______ ______ ______ ______?

德 ______ ______ ______ ______ ______ ______ ______ ______ ______ ______?

她 ______ ______ ______ ______ ______ ______ ______ ______ ______ ______?

茶馆早上五点钟开门。

茶馆 ______ ______ ______ ______ ______ ______ ______ ______ ______?

五 ______ ______ ______ ______ ______ ______ ______ ______ ______?

孩子十九点钟吃晚饭。

孩子 ______ ______ ______ ______ ______ ______ ______ ______?

十九 ______ ______ ______ ______ ______ ______ ______ ______?

晚饭 ______ ______ ______ ______ ______ ______ ______ ______ ______?

晚 ______ ______ ______ ______ ______ ______ ______ ______ ______ ______?

Übersetzung

Bitte übersetzen Sie die folgenden Sätze ins Chinesische. Schreiben Sie dabei die Übersetzung in chinesischen Schriftzeichen.

1. Ich möchte um 18 Uhr zur Bank gehen. ☐☐☐☐☐☐☐☐。
2. Wie viel Uhr ist es jetzt? ☐☐☐☐☐☐?

3. Mutti liebt chinesischen grünen Tee!

4. Um wie viel Uhr schließt die Bank?

5. Guten Tag, Manager Zhong, bitte kommen Sie herein.

6. Wir essen um 16 Uhr gebratenes Hühnerfleisch in Sojasouce, wie wär's?

7. Vielen Dank für deine Einladung!

8. Kannst du Deutsch sprechen?

9. Um wie viel Uhr möchtest du ins Café gehen?

10. Das Restaurant schließt um 22 Uhr.

11. Nicht der Rede wert!

Handschrift

Bitte lesen Sie die handschriftliche Notiz und schreiben Sie den Text ab.

关爱心，你
好！我很想
你！我下午十
六点去银行。
我想晚上见
你。我们二十
点见，好吗？

Uhrzeiten

Bitte betrachten Sie die abgebildeten Uhrzeiten und schreiben Sie diese auf Chinesisch nach dem amerikanischen System (1 bis 12 Uhr) in die Kästchen. Entscheiden Sie selbst, ob Sie „早上", „上午", „中午", „下午" oder „晚上" verwenden.

Richtungsverb

Bitte lesen Sie den Mustersatz. Ersetzen Sie die unterstrichenen Satzteile mit den angegebenen Wörtern und bilden Sie neue Fragen.

你现在去不去邮局?	你现在去不去邮局?
他的太太，银行	
她的女儿，茶馆	
白律师的孩子，饭馆	
谢红，中国	
你儿子，咖啡馆	
牛经理，德国	
你的两个女儿，银行	

Struktur der Schriftzeichen

Bitte betrachten Sie die links aufgeführten Schriftzeichen und die rechts abgebildeten Strukturen. Schreiben Sie alle Schriftzeichen, die Sie einer Struktur zuordnen können, in die freien Kästchen.

钟	只	七	银
进	去	邀	六
十	八	现	这
行	吧	关	早
热	名	会	九
烫	几	起	馆

Nachschlagen im Wörterbuch

Die folgenden Schriftzeichen kennen Sie vermutlich noch nicht. Bitte schlagen Sie deren Bedeutung in einem Wörterbuch nach! Ermitteln Sie vorher das Radikal, die Strichzahl des Radikals und die Reststrichzahl. Wie das geht, steht im Anhang von Stufe A.

Zeichen	Radikal	Strichzahl Radikal	Rest-strichzahl	Pinyin	Bedeutung
院					
钱					
入					
花					
画					

Lektion B6: Wo möchtest du jetzt hingehen?

第六课
dì lìu kè

Bitte bearbeiten Sie die aufgeführten Übungen. Es empfiehlt sich, jeden Tag nur einen Abschnitt zu bearbeiten, damit sich das Wissen langsam vertieft.

Schriftzeichen

Bitte schreiben Sie die neuen Schriftzeichen in die unten aufgeführten Kästchen. Achten Sie auf die Strichreihenfolge und versuchen Sie, formschöne Zeichen zu schreiben. Die grauen Zeichen können überschrieben werden und dienen dazu, Ihnen ein Gefühl der Zeichen zu vermitteln.

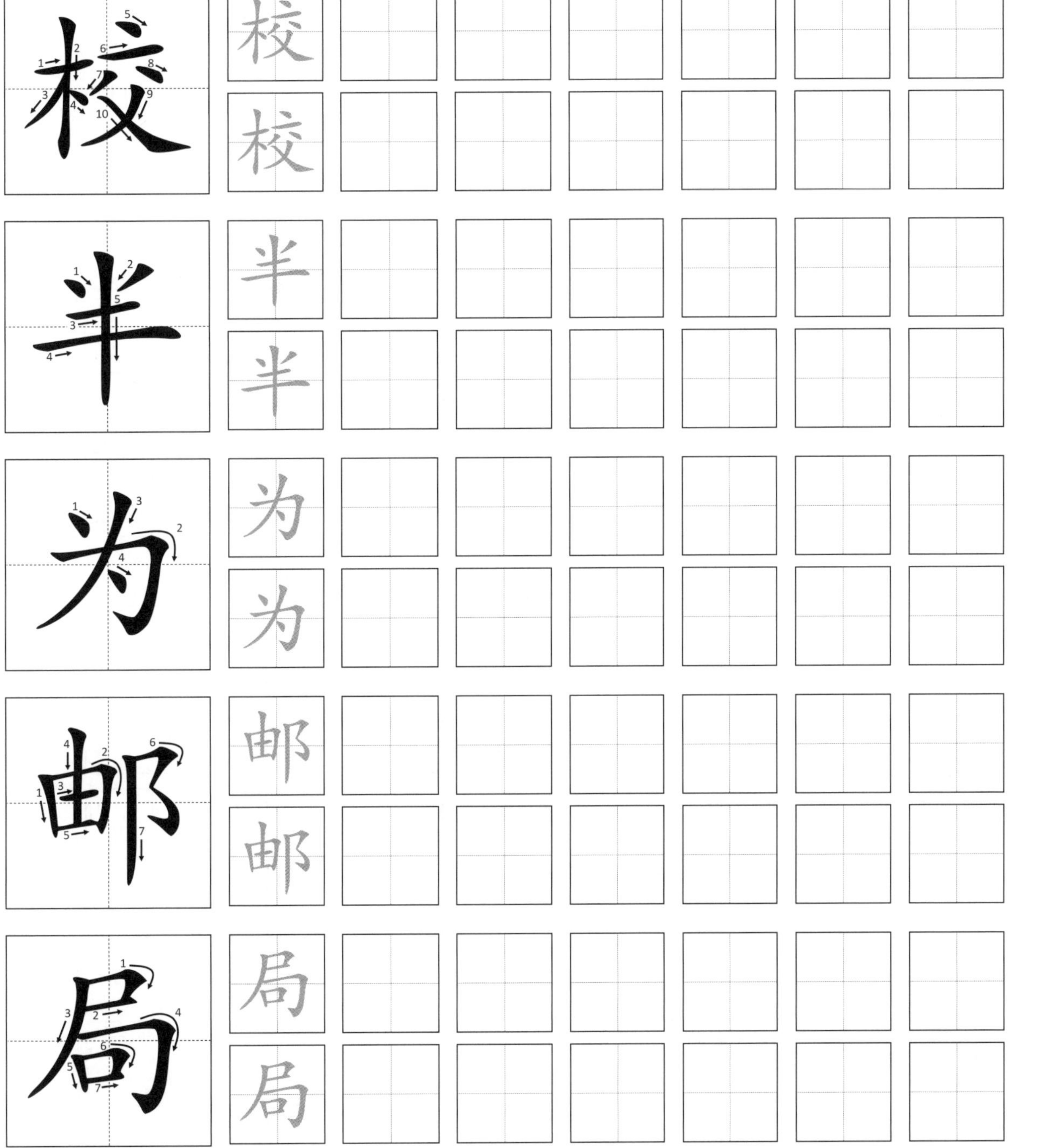

Schule
xiào

Hälfte
bàn

für
wèi

Post
yóu

Amt
jú

Viertel
kè

Schicht
bān

Vokabeln

Bitte üben Sie das Schreiben der neuen Vokabeln. Sprechen Sie bei jedem Zeichen laut die chinesische Aussprache.

wo

Schule

Hälfte; halb

ein Viertel

drei Viertel

Post

warum

Dienst haben

Bitte suchen Sie die aufgeführten Worte und Sätze in dem Schriftzeichenwürfel. Die chinesischen Worte und Sätze sind entweder von oben nach unten oder von links nach rechts geschrieben. Markieren Sie die gefundenen Schriftzeichen wie im Beispiel dargestellt.

Worte und Sätze:

~~Sieben~~
Hotel
Türe schließen
Laden
jetzt
Post
halb Neun
Türe öffnen
Bank
frühstücken
Viertel nach Elf
Neunzehn
zu Mittag essen
zu Abend essen
mittags zwölf Uhr
Restaurant
Teehaus

中	银	酒	店	四	六	十	八
午	行	七	五	十	九	一	开
十	吃	八	点	半	现	点	门
二	晚	一	茶	馆	在	一	牛
点	饭	商	店	吃	一	刻	饭
邮	吃	中	饭	早	果	关	馆
局	鱼	咖	啡	饭	汁	门	一

Uhrzeit

Bitte schreiben Sie folgende Uhrzeit auf Chinesisch.

1. Viertel nach acht
2. halb zwei
3. Viertel nach sieben
4. halb eins

5. drei Viertel nach zwei
6. halb zwölf
7. Viertel nach eins
8. halb drei

Grammatik

Bitte ordnen Sie die aufgeführten Sätze in der richtigen Reihenfolge und schreiben Sie diese in die leeren Kästchen. Lesen Sie jeden Satz anschließend laut auf Chinesisch.

Satzteile **Richtige Reihenfolge** **Wiederholung**

1. 两，现在，点，下午，一刻，是

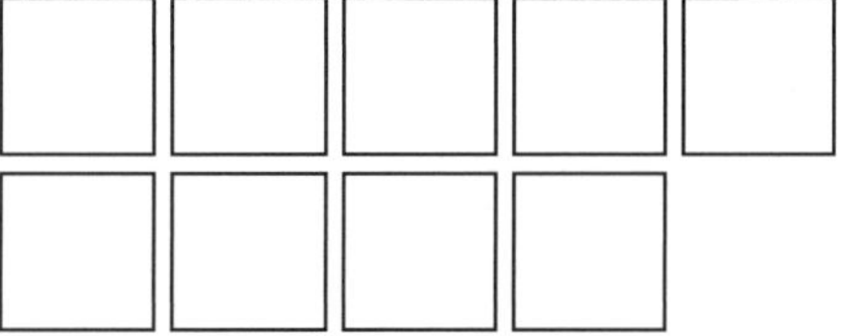

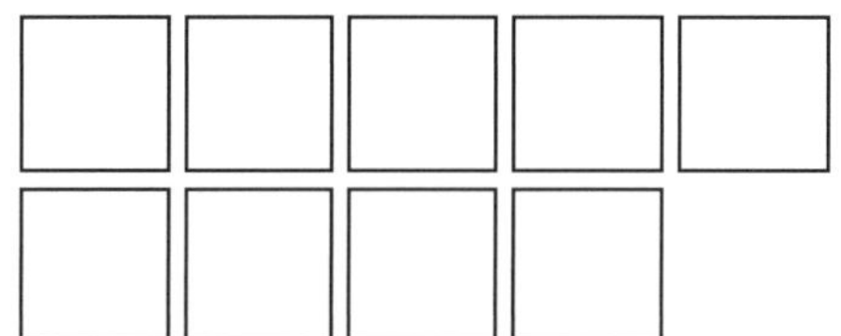

2. 你，哪儿，
想，去

3. 邮局，去，
我，下午，
五点，半

4. 点，他，十，
们，上午，
去，银行，半

5. 现在，不，
关，银行，门

6. 我，早上，
八，点，去，
想，半，学校

7. 现在，邮局，
为，不，
什么，开门

8. 老师，现在，
们，想，去，
哪儿

9. 汤，什么，
为，不，
律师，上班

10. 十七，银，
点，关，门，
三，行，刻

Bitte lesen Sie die Aussagesätze auf der nächsten Seite und fragen Sie nach den Satzteilen, die links von den leeren Fragezeilen aufgeführt sind. Schreiben Sie die Fragen in die vorgesehenen Zeilen.

1. 学生们上午八点半去学校。

a) 学生们 ______ ______ ______ ______ ______ ______ ______ ______ ______?

b) 八 ______ ______ ______ ______ ______ ______ ______ ______ ______ ______ ______?

c) 学校 ______ ______ ______ ______ ______ ______ ______ ______ ______ ______ ______?

2. 白老师想八点一刻去邮局。

a) 白老师 ______ ______ ______ ______ ______ ______ ______ ______ ______?

b) 八点一刻 ______ ______ ______ ______ ______ ______ ______ ______ ______?

c) 邮局 ______ ______ ______ ______ ______ ______ ______ ______ ______ ______ ______?

3. 邮局早上七点三刻开门。

a) 邮局 ______ ______ ______ ______ ______ ______ ______ ______ ______ ______?

b) 七 ______ ______ ______ ______ ______ ______ ______ ______ ______ ______?

c) 三 ______ ______ ______ ______ ______ ______ ______ ______ ______ ______?

4. 他们十二点吃中饭。

a) 他们 ______ ______ ______ ______ ______ ______ ______?

b) 十二 ______ ______ ______ ______ ______ ______ ______?

c) 中饭 ______ ______ ______ ______ ______ ______ ______ ______?

d) 中 ______ ______ ______ ______ ______ ______ ______ ______ ______?

Übersetzung

Bitte übersetzen Sie die folgenden Sätze ins Chinesische. Schreiben Sie dabei die Übersetzung in chinesischen Schriftzeichen.

1. Wohin geht Ihr jetzt? □□□□□□□?
2. Macht die Post um halb acht auf? □□□□□□□□?
3. Meine Mutter geht nachmittags zur Bank. □□□□□□□□。
4. Bitte bringen Sie drei Flaschen deutsches Bier. □□□□□□□□。
5. Jetzt ist es Viertel nach vier. □□□□□□□。
6. Warum liebst du es, in die Schule zu gehen? □□□□□□□□?
7. Jetzt ist es 14:15 Uhr. □□□□□□□□。
8. Meine Ehefrau kann nur ein bisschen Deutsch sprechen. □□□□□□□□ □□□□。
9. Warum möchte sein Sohn nicht in die Schule gehen? □□□□□□□□ □□□?
10. Warum mag er nicht gerne Schweinefleisch? □□□□□□□□ □?
11. Warum besitzt Rechtsanwalt Tang keine Visitenkarte? □□□□□□□□ □□?

Lektion B7: Zuerst..., dann...

第七课
dì qī kè

Bitte bearbeiten Sie die aufgeführten Übungen. Es empfiehlt sich, jeden Tag nur einen Abschnitt zu bearbeiten, damit sich das Wissen langsam vertieft.

Schriftzeichen

Bitte schreiben Sie die neuen Schriftzeichen in die unten aufgeführten Kästchen. Achten Sie auf die Strichreihenfolge und versuchen Sie, formschöne Zeichen zu schreiben. Die grauen Zeichen können überschrieben werden und dienen dazu, Ihnen ein Gefühl der Zeichen zu vermitteln.

super
chāo

Markt
shì

Medizin
yī

Hof
yuàn

umfang-reich
bó

Gegenstand
wù

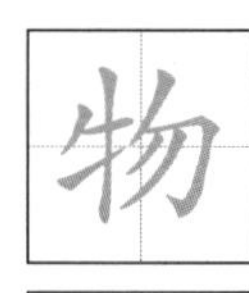
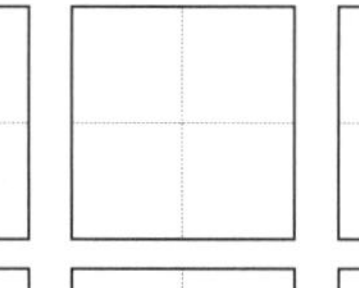
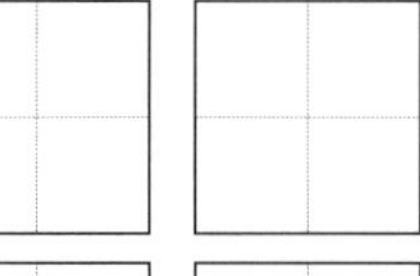
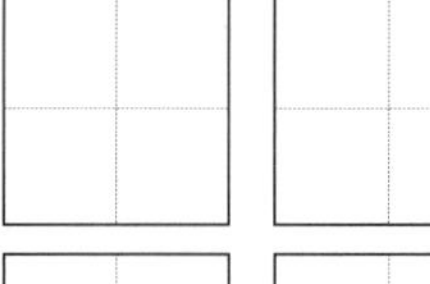
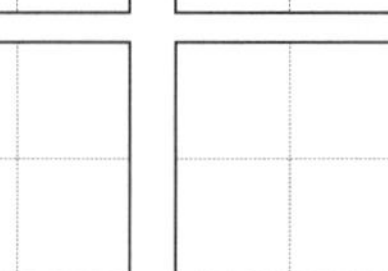

folgen
yīn

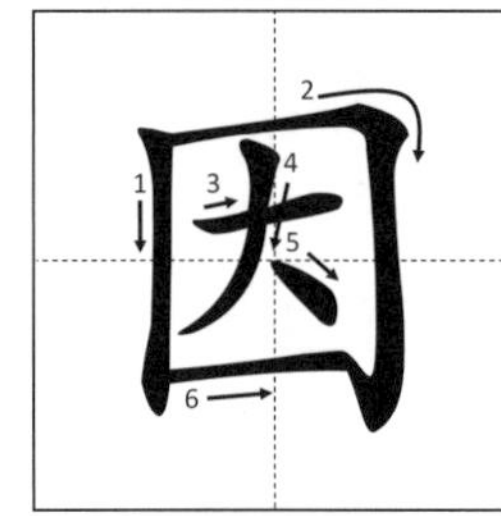

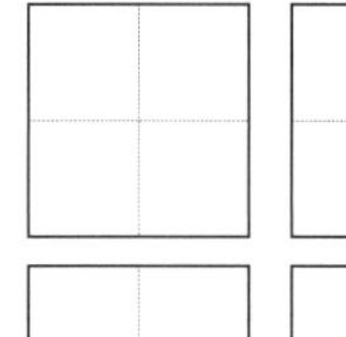
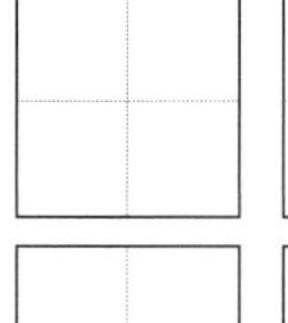
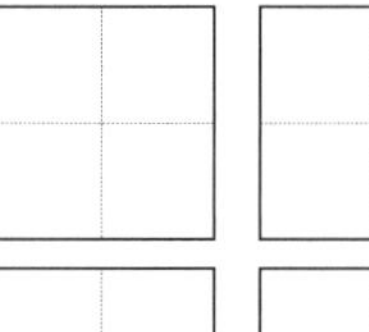
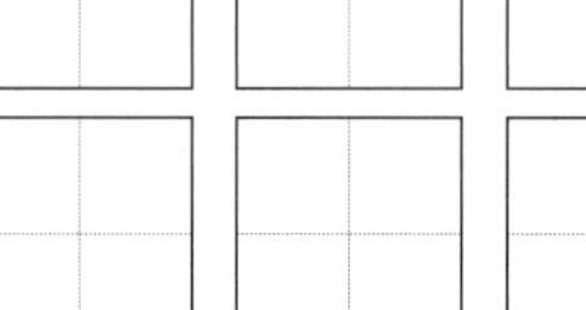

Vokabeln

Bitte üben Sie das Schreiben der neuen Vokabeln. Sprechen Sie bei jedem Zeichen laut die chinesische Aussprache.

zuerst

Krankenhaus

wieder; dann

Supermarkt

Museum

aber

weil

Bar

Arzt

Aber

Bitte übersetzen Sie die folgenden Sätze ins Chinesische.

1. Mutti möchte jetzt ins Teehaus gehen, aber das Teehaus hat jetzt nicht geöffnet.

□□□□□□□□。
□□，□□□□□□□。

2. Fräulein Li möchte warmes Wasser trinken, aber die Schule hat keines.

□□□□□□□。□□，
□□□□□□。

3. Frau Zhong möchte jetzt zur Bank gehen, aber die Bank hat jetzt nicht geöffnet.

□□□□□□□□□。
□□，□□□□□□□。

4. Arzt Bai möchte nach Deutschland gehen, aber er kann kein Deutsch sprechen.

□□□□□□□。□□，
□□□□□□。

5. Herr Niu möchte nachmittags zur Post gehen, aber die Post arbeitet nachmittags nicht.

□□□□□□□□□。
□□，□□□□□□□。

6. Ich möchte sehr gerne rot gebratenen Fisch essen, aber ich kann nicht Fisch braten.

□□□□□□□。□□，
□□□□□。

7. Manager Tang möchte gerne ein Kind haben, aber seine Frau möchte nicht.

□□□□□□□□□。
□□，□□□□□。

8. Ich möchte sehr gerne Schweinefleisch essen, aber das Restaurant hat keines.

□□□□□□。□□，
□□□□□□。

Warum & Weil

Bitte lesen Sie den Musterdialog. Bilden Sie neue Dialoge, indem Sie die unterstrichenen Satzteile durch die angegebenen Worte ersetzen bzw. neu bilden.

不去博物馆 A: 他为什么不去博物馆？

下午，上班 B: 因为，博物馆下午不上班。

1.
姓关 A: □□□□□□?

他爸爸 B: □□，□□□□□。

2.
想去德国 A: □□□□□□□□?

想学德语 B: □□，□□□□□。

3.
不喝啤酒 A: □□□□□□□□?

不爱 B: □□，□□□□□□。

4.
现在去邮局 A: □□□□□□□□□?

上班 B: □□，□□□□□□。

5.
不去博物馆 A: □□□□□□□□□?

不开门 B: □□，□□□□□□。

6.
不用杯子喝水 A: □□□□□□□□□□?

不会 B: □□，□□□。

Zuerst..., dann...

Bitte lesen Sie den Mustersatz. Bilden Sie neue Sätze, indem Sie die unterstrichenen Satzteile durch die angegebenen Worte ersetzen.

白经理，医院，上班 → 白经理想先去医院，再去上班。

1. 钟律师，上班，超市

□□□□□□□□，□□□□。

2. 他们，茶馆，博物馆

□□□□□□□，□□□□□。

3. 关老师，饭馆，酒吧

□□□□□□□□，□□□□。

4. 谢经理，喝酒，吃饭

□□□□□□□，□□□。

5. 汤名中，问我，问他妈妈

□□□□□□□，□□□□□。

Attribute

Bitte übersetzen Sie die folgenden Satzgruppen ins Chinesische.

1. die Flasche der Bar □□□□□
2. die Tür der Bank □□□□
3. die Kinder von Manager Bai □□□□□□
4. der Supermarkt des Krankenhauses □□□□□
5. der Kaffee des Museums □□□□□□

6. die Menschen von der Post

7. die Schüler der Schule

8. die Visitenkarten von Rechtsanwalt Tang

9. die Schüssel meiner Mutti

10. die Tasse meines Vaters

Übersetzung

Bitte übersetzen Sie die folgenden Sätze ins Chinesische. Schreiben Sie dabei die Übersetzung in chinesischen Schriftzeichen.

1. Gut! Lass' uns um 8 Uhr treffen!

   ！ ！

2. Habt ihr jetzt vielleicht eine Kanne warmen Wassers?

   ？

3. Sein Sohn möchte zuerst frühstücken, dann arbeiten gehen.

   ， 。

4. Entschuldige, was sagst du?

   ， ？

5. Nicht der Rede wert! Meine Tochter kann nur ein bisschen Deutsch sprechen.

   ， ！ 。

6. Ich habe gehört, der Kaffee des Museums schmeckt sehr gut.

   ， 。

Lektion B8: Was für ein Wochentag ist heute?

第八课

dì bā kè

Bitte bearbeiten Sie die aufgeführten Übungen. Es empfiehlt sich, jeden Tag nur einen Abschnitt zu bearbeiten, damit sich das Wissen langsam vertieft.

Schriftzeichen

Bitte schreiben Sie die neuen Schriftzeichen in die unten aufgeführten Kästchen. Achten Sie auf die Strichreihenfolge und versuchen Sie, formschöne Zeichen zu schreiben. Die grauen Zeichen können überschrieben werden und dienen dazu, Ihnen ein Gefühl der Zeichen zu vermitteln.

gegen-wärtig
jīn

Himmel
tiān

morgen
míng

Stern
xīng

Zeitraum
qī

Geschäft
shāng

Geschäfts-raum
diàn

Vokabeln

Bitte üben Sie das Schreiben der neuen Vokabeln. Sprechen Sie bei jedem Zeichen laut die chinesische Aussprache.

Himmel, Wetter

heute

morgen

Woche

Laden

Hotel, Restaurant

Bitte füllen Sie die unten aufgeführte Wochenübersicht, indem Sie in die vorgesehenen Kästchen die chinesischen Begriffe von oben nach unten schreiben.

Montag	Dienstag	Mittwoch	Donnerstag	Freitag	Samstag	Sonntag

Grammatik

Bitte ordnen Sie die aufgeführten Sätze in der richtigen Reihenfolge und schreiben Sie diese in die leeren Kästchen. Lesen Sie jeden Satz anschließend laut auf Chinesisch.

Satzteile	Richtige Reihenfolge	Wiederholung
1. 是，今，天，几，星期		
2. 星期，明，是，四，天		
3. 开，星期，也，天，门，银行		
4. 几，商店，天，点，关，门，今		
5. 很，德，好，啤，喝，国，酒		
6. 六，明，邮局，天，点，关，门，下午		
7. 晚上，现在，是，星期，八，一刻，点，三		

8. 天，点，我们，想，今，七，半，学校，去

9. 钟，上，午，十一，点，去，吗，你，酒店，想

Lückentext

Bitte vervollständigen Sie den unten aufgeführten Lückentext. Schreiben Sie die fehlenden Satzteile in chinesischen Schriftzeichen! Wenn Sie fertig sind, lesen Sie den Text laut vor.

Li Qian war bei Ulla zu Besuch und möchte noch zur Post gehen. Die beiden verabschieden sich soeben.

李倩: Ulla, 你_____饭很好_____。

Ulla: 谢_____！

李倩: 谢谢你的_____请。

Ulla: _____用谢。请_____来。_____现在_____哪儿？

李倩: _____想_____在去邮局。

Ulla: 今_____ _____星期六。邮局今天_____ _____吗？

李倩: 开门。

Ulla: 哦! _____局今天_____ _____钟开门？几点_____关门？

李倩: 邮_____星_____六早_____八_____半_____ _____。

下_____五_____一_____ _____ _____。

Ulla: 谢谢，_____ _____！

李倩: 再见！

Wochentag und Uhrzeit

Bitte geben Sie die Wochentage und Uhrzeiten in der richtigen Reihenfolge auf Chinesisch wieder.

1. heute, Nachmittag, 3 Uhr
2. ein Viertel, Samstag, 7 Uhr, Abend
3. Mittag, 12 Uhr, Mittwoch, halb
4. morgens, Sonntag, drei Viertel, 8 Uhr

Übersetzung

Bitte übersetzen Sie die folgenden Sätze ins Chinesische. Schreiben Sie dabei die Übersetzung in chinesischen Schriftzeichen.

1. Heute ist Montag. 。
2. Ich möchte morgen Nachmittag um 4 Uhr schwarzen Tee trinken. 。
3. Um wie viel Uhr geht ihr zum Hotel? ?
4. Das Museum öffnet morgen früh um halb neun. 。
5. Dein Tee schmeckt sehr gut. Danke für deine Einladung! 。 !
6. Arzt Zhong möchte am Sonntagmittag rot gebratenes Schweinefleisch essen. 。

7. Bitte bringen Sie nochmal drei Flaschen Bier, ein Glas Saft.

☐☐☐☐☐☐☐，
☐☐☐☐。

8. Aber sie möchte nicht zum Laden gehen!

☐☐，☐☐☐☐☐☐！

9. Wer möchte zuerst zur Post gehen, dann in den Supermarkt der Schule?

☐☐☐☐☐☐，☐☐
☐☐☐☐☐？

10. Warum möchte das Kind von Lehrer Tang heute Nachmittag ins Café des Krankenhauses gehen?

☐☐☐☐☐☐☐☐
☐☐☐☐☐☐☐☐
☐☐☐☐☐？

11. Warum? Weil es heute sehr warm ist!

☐☐☐？☐☐，☐☐☐
☐！

Nachschlagen im Wörterbuch

Die folgenden Schriftzeichen kennen Sie vermutlich noch nicht. Bitte schlagen Sie deren Bedeutung in einem Wörterbuch nach! Ermitteln Sie vorher das Radikal, die Strichzahl des Radikals und die Reststrichzahl.

Zeichen	Radikal	Strichzahl Radikal	Reststrichzahl	Pinyin	Bedeutung
雨					
雷					
露					
雾					

Lektion B9: Ich freue mich, ihn kennenzulernen.

第九课
dì jiŭ kè

Bitte bearbeiten Sie die aufgeführten Übungen. Es empfiehlt sich, jeden Tag nur einen Abschnitt zu bearbeiten, damit sich das Wissen langsam vertieft.

Schriftzeichen

Bitte schreiben Sie die neuen Schriftzeichen in die unten aufgeführten Kästchen. Achten Sie auf die Strichreihenfolge und versuchen Sie, formschöne Zeichen zu schreiben. Die grauen Zeichen können überschrieben werden und dienen dazu, Ihnen ein Gefühl der Zeichen zu vermitteln.

hoch
gāo

高 高 高

Interesse
xìng

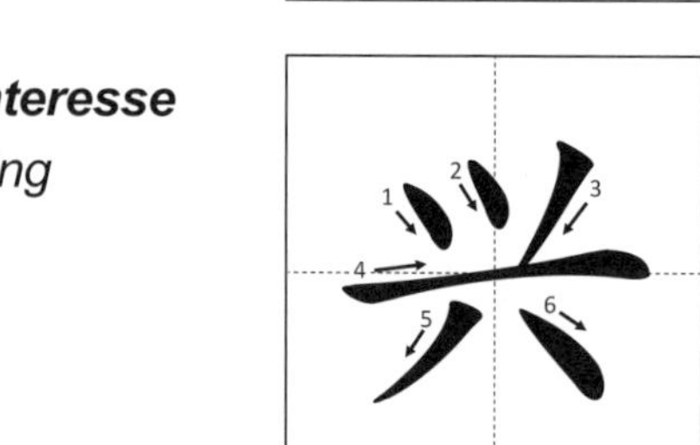
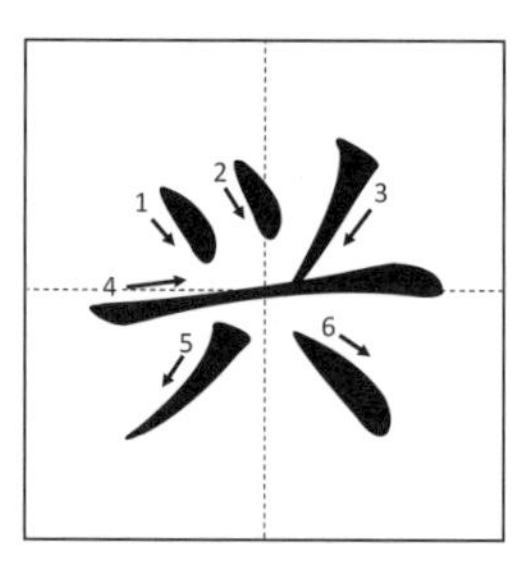
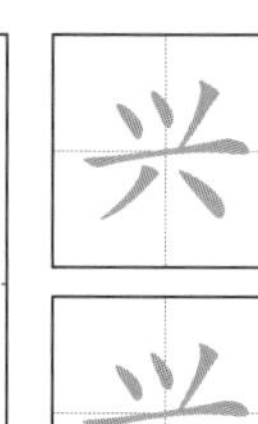

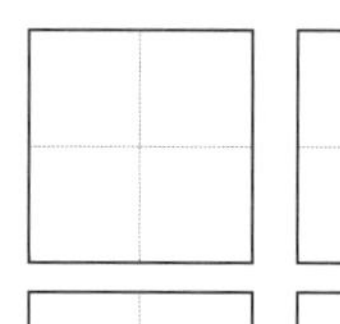
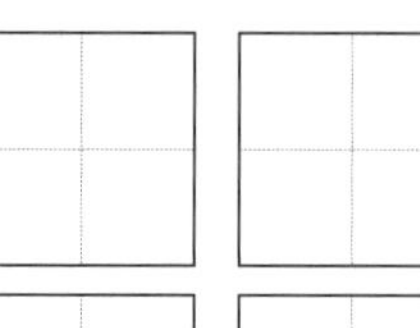
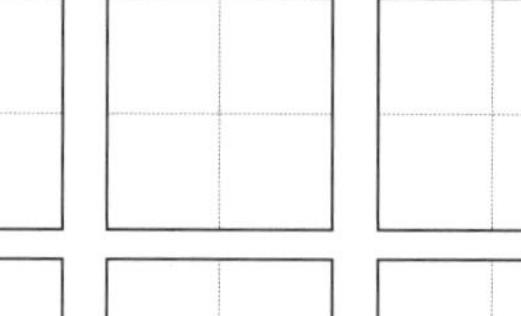
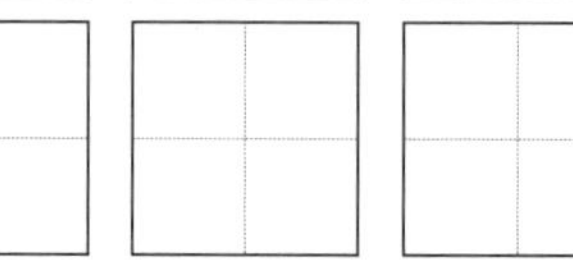

兴 兴 兴

erkennen
rèn

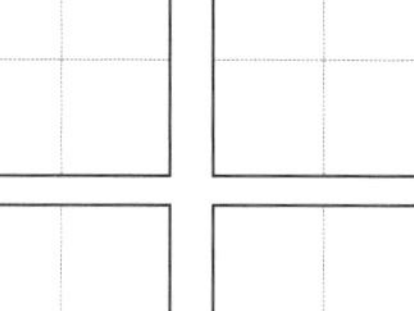
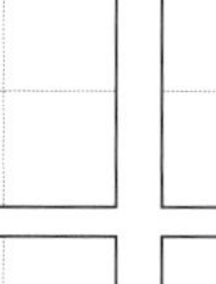
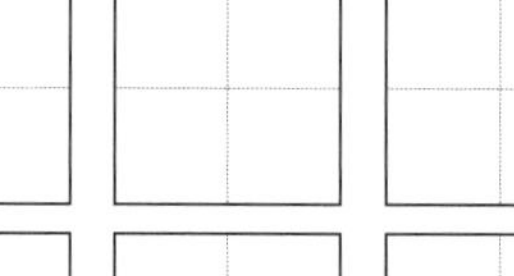
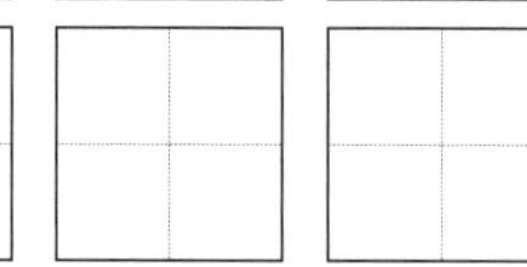

认 认 认

kennen
shi

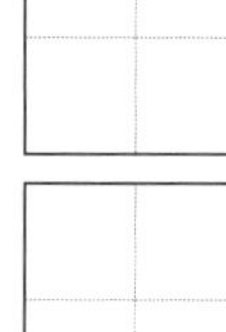
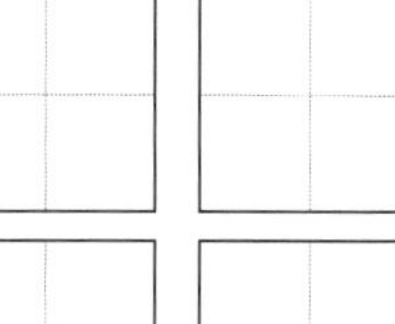

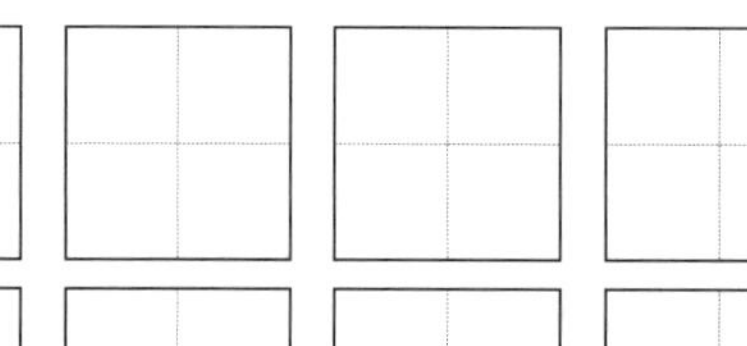
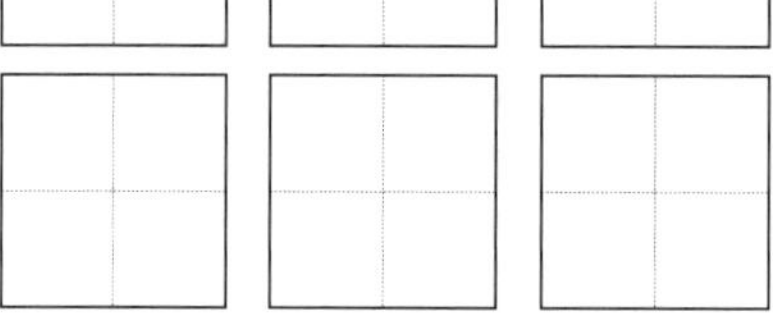

识 识 识

Vokabeln

Bitte üben Sie das Schreiben der neuen Vokabeln. Sprechen Sie bei jedem Zeichen laut die chinesische Aussprache.

kalt

Kollege, -in

zusammen

OK?

willkommen heißen

froh

kennen-
lernen

Mitschulkamerad, -in

rufen

Ehepartner, -in

alleine

Wetter

Bitte übersetzen Sie die folgenden Sätze ins Chinesische. Schreiben Sie dabei die Übersetzung in chinesischen Schriftzeichen.

Heute ist es sehr schön.

Heute ist es nicht sehr schön.

Morgen ist es sehr warm.

Morgen ist es sehr kalt.

Grammatik

Bitte ordnen Sie die aufgeführten Sätze in der richtigen Reihenfolge und schreiben Sie diese in die leeren Kästchen. Lesen Sie jeden Satz anschließend laut auf Chinesisch.

Satzteile	Richtige Reihenfolge	Wiederholung
1. 学校，老师，的，高兴，很，认识，你		

2. 下午，明，起，一，天，爱人，同事，博物馆，去，的

3. 开，星期，不，天，门，邮局

4. 几，商店，午，点，关，门，下

5. 很，中，好，白，喝，国，酒

6. 先，去，去，叫，叫，他，再，我，你

7. 个，的，去，先生，茶馆，学，一，校，人，白

8. 钟，十一，去，酒店，点，想，吗，你

9. 我，认，高，识，他，很，兴

Adverb oder Verb?

Bitte vervollständigen Sie die unten aufgeführten Sätze, indem Sie eines der folgendes Worte einsetzen:

→ 是，很

1. 茶 ______ 烫。
2. 我的爱人 ______ 老师。
3. 她 ______ 好。
4. 天 ______ 热。
5. 我的儿子 ______ 医生。
6. 中国饭 ______ 好吃。
7. 她 ______ 好学生。
8. 超市 ______ 大。
9. 我的同事今天 ______ 高兴。
10. 明天天 ______ 冷。
11. 他的女儿 ______ 一个大美人。
12. 酒店 ______ 小。
13. 她的汉语______ 好。
14. 这 ______ 小猪。
15. 晚上______凉。
16. 他 ______ 想去日本。

Haben Sie bemerkt, wo „是" und „很" eingesetzt wurden? „很" ist ein Adverb und steht vor einem Adjektiv. „是" ist ein Verb und steht vor einem Nomen.

Adverb

Bitte vervollständigen Sie die unten aufgeführten Sätze, indem Sie eines der folgendes Worte einsetzen:

→ 一起，一个人，再

1. 我们__________去博物馆。
2. 他不想__________去学校。
3. 请__________来。
4. 他爱__________去咖啡馆。
5. 他们想__________去邮局。
6. __________吃一点儿吧！
7. 你明天__________来，行吗？
8. 我只认识他__________。
9. 你__________去银行，行吗？
10. 她只邀请他__________。
11. 他们想晚上__________喝啤酒。
12. 我明天不想__________吃鱼。
13. 我们__________去超市，好吗？
14. 你们不用来。我__________去医院，也行。

Haben Sie bemerkt, wo die Adverbien eingesetzt wurden? Sie stehen immer vor einem Verb. „一个人" kann zusätzlich hinter einem Pronomen als Ergänzung stehen.

Positive und negative Fragen

Bitte lesen Sie die Musterfragen. Bitte bilden Sie auf die gleiche Weise weitere Fragen.

你认识他吗？	你认识不认识他？
	你认不认识他？
你欢迎他来吗？	
谢红今天高兴吗？	
李经理邀请我们吗？	
白律师今天上班吗？	

Übersetzung

Bitte übersetzen Sie die folgenden Sätze ins Chinesische. Schreiben Sie dabei die Übersetzung in chinesischen Schriftzeichen.

1. Warum geht seine Ehepartnerin alleine ins Restaurant? □□□□□□□□□□□□□?
2. Ich heiße dich willkommen! □□□!
3. Ich freue mich Sie kennenzulernen! □□□□□□□!
4. Aber das Museum hat am Montag zu! □□，□□□□□□□□!

5. Am Freitagnachmittag haben wir keinen Dienst. Wir gehen zusammen in den Supermarkt, wie wär's?

□□□□□□□□

□□。□□□□□□

□，□□?

6. Ich gehe zum Krankenhaus, weil ich Arzt Bai besuchen möchte.

□□□□，□□□□

□□□□。

7. Ich habe gehört, er kann nur ein bisschen Deutsch sprechen.

□□□，□□□□□

□□□□。

8. Dies ist die Visitenkarte meiner Frau.

□□□□□□□□。

9. Wohin geht dein Kind jetzt?

□□□□□□□□

□?

Richtige Reihenfolge

Bitte kombinieren Sie die Schriftzeichen einer Reihe so, dass ein korrekter Satz entsteht.

妈是我这妈碗的 □□□□□□□

馆饭很的饭吃好 □□□□□□□

大医很的钟院 □□□□□□

银什师行律的么说 □□□□□□□□

开学商的校店不门 □□□□□□□□

的谁这名是片 □□□□□□

Nachschlagen im Wörterbuch

Die folgenden Schriftzeichen kennen Sie vermutlich noch nicht. Bitte schlagen Sie deren Bedeutung in einem Wörterbuch nach! Ermitteln Sie vorher das Radikal, die Strichzahl des Radikals und die Reststrichzahl.

Zeichen	Radikal	Strichzahl Radikal	Rest-strichzahl	Pinyin	Bedeutung
狗					
猫					
付					
款					

Struktur der Schriftzeichen

Bitte betrachten Sie die aufgeführten Schriftzeichen und ordnen Sie die passenden Schriftzeichenstrukturen und Radikale zu, indem Sie jeweils ein Schriftzeichen, eine Schriftzeichenstruktur und ein Radikal durch eine Kurve verbinden.

冷		冂
同		辶
欢		八
迎		冫
高		又
兴		亠

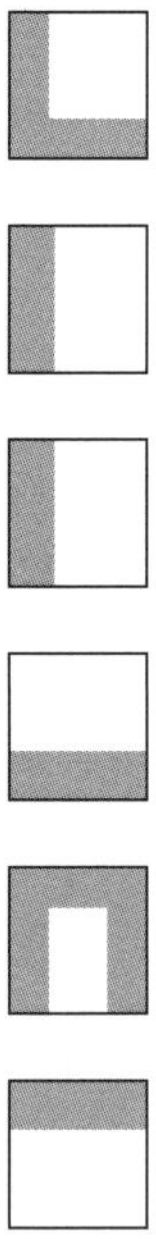

Lektion B10: Ich komme heute Abend nach Hause.

第十课
dì shí kè

Bitte bearbeiten Sie die aufgeführten Übungen. Es empfiehlt sich, jeden Tag nur einen Abschnitt zu bearbeiten, damit sich das Wissen langsam vertieft.

Schriftzeichen

Bitte schreiben Sie die neuen Schriftzeichen in die unten aufgeführten Kästchen. Achten Sie auf die Strichreihenfolge und versuchen Sie, formschöne Zeichen zu schreiben. Die grauen Zeichen können überschrieben werden und dienen dazu, Ihnen ein Gefühl der Zeichen zu vermitteln.

Hallo
wéi

zurück-kehren
huí

Familie
jiā

Null
líng

Minute
fēn

können
néng

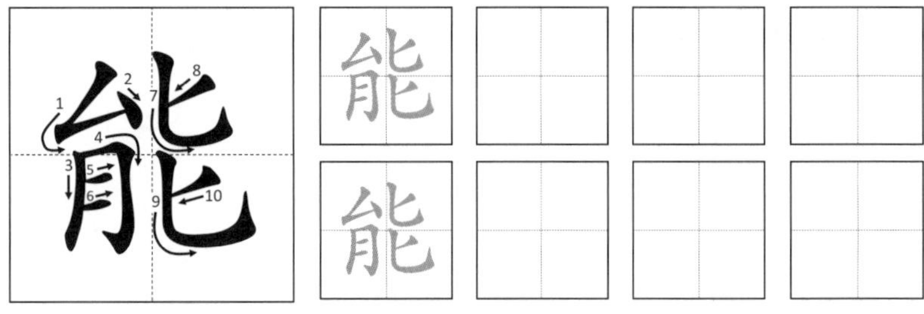

Haare
fà

Vokabeln

Bitte üben Sie das Schreiben der neuen Vokabeln. Sprechen Sie bei jedem Zeichen laut die chinesische Aussprache.

Hallo!

Familie

zurückkehren

nach Hause kommen

Frisörladen

Null

Minute

heute Abend

können

richtig

Haare schneiden lassen

Minuten

Bitte übersetzen Sie die folgenden Zeitangaben ins Chinesische. Schreiben Sie dabei die Übersetzung in chinesischen Schriftzeichen. Es können Kästchen leer bleiben.

1. 16:02 Uhr
2. 23 Uhr 5 Minuten
3. neun Minuten nach vier
4. 22:07 Uhr
5. 13 Uhr 36 Minuten
6. 08:19 Uhr
7. fünf Minuten nach eins

Nach Hause kommen

Bitte lesen Sie den Mustersatz. Bilden Sie neue Sätze, indem Sie die unterstrichenen Satzteile durch die angegebenen Worte ersetzen.

Mustersatz: 白经理想先去书店，再回家。

1. 他的同事，去理发

，。

2. 钟经理，去博物馆

，。

3. 李医生，喝葡萄酒

，。

4. 我的爱人，去邮局

，。

Lückentext

Bitte vervollständigen Sie den unten aufgeführten Lückentext. Schreiben Sie die fehlenden Satzteile in chinesischen Schriftzeichen! Wenn Sie fertig sind, lesen Sie den Text laut vor.

Xie Hongs Ehemann Gao Ying ruft in der Firma an. Xie Hong geht ans Telefon

谢红: 喂？

高迎: ______！ 我是高迎。

谢红: 高______，你好！

高迎: 我想问你，你今天______点______能回家？

谢红听不懂。

谢红: 现在______？不行！

高迎: 不是现在。我______你，你______晚几点钟回家？

谢红: 哦！对不______！

高迎: 没______系！______想今天去______发吗？

谢红: 对！我想______去理发______，再回______，行______？

高迎: ______！

谢红: 我六______钟______家。

高迎: 好。晚上______！

谢红: ______见！

能 oder 会

Bitte setzen Sie in die Lücken „会“ oder „能“ ein. Wenn beides geht, setzen Sie beides ein. Zur Erinnerung: „会“ beschreibt nur eine Fähigkeit. „能“ kann eine Fähigkeit, Möglichkeit oder Erlaubnis ausdrücken.

我太太不______/______喝咖啡。她只______/______喝水。

我的儿子______/______说汉语，也______/______说英语。

她不懂法语。我的女儿只______/______说英语。我先生______/______说法语。

我现在不______/______回家。我晚上七点______/______回家。

你______/______喝我的水。我有两个瓶子。

Können

Bitte übersetzen Sie die folgenden Sätze ins Chinesische. Entscheiden Sie selbst, ob Sie „会“ oder „能“ verwenden.

1. Du kannst meinen Teller benutzen. □□□□□□□。
2. Seine Tochter kann Deutsch sprechen. □□□□□□□□。
3. Ich kann jetzt nicht kommen. □□□□□□。
4. Ich kann jetzt nicht zur Arbeit gehen. □□□□□□□□。
5. Ich kann jetzt nicht nach Hause kommen. □□□□□□□。
6. Ich kann keinen Fisch essen. □□□□□。

Struktur der Schriftzeichen

Bitte betrachten Sie die links aufgeführten Schriftzeichen und die rechts abgebildeten Strukturen. Schreiben Sie alle Schriftzeichen, die Sie einer Struktur zuordnen können, in die freien Kästchen.

迎	识	进	国
喂	高	零	局
点	回	星	冷
家	兴	去	认
今	分	能	四
欢	超	店	因

Übersetzung

1. Warum kannst du jetzt nicht nach Hause kommen?

   ?

2. Ich heiße dich willkommen!

   !

3. Ich kenne ihn nicht.

   。

4. Ich bin heute sehr glücklich.

   。

5. Es ist heute sehr kalt. Lass' uns zusammen ins Museum gehen.

   。 !

6. Kann ich vielleicht von deinem Rotwein trinken?

   ?

7. Jetzt ist es fünf Minuten nach vier. Ich gehe zuerst zum Frisörladen, danach komme ich nach Hause. In Ordnung?

   。 , , ?

8. Es geht jetzt nicht! Ich lasse Haare schneiden.

   ! 。

9. Warum ich dich frage? Weil ich glaube, dass du ihn kennst.

   ? , 。

Lektion B11: Jetzt ist es zehn vor zwölf.

第十一课
dì shí yí kè

Bitte bearbeiten Sie die aufgeführten Übungen. Es empfiehlt sich, jeden Tag nur einen Abschnitt zu bearbeiten, damit sich das Wissen langsam vertieft.

Schriftzeichen

Bitte schreiben Sie die neuen Schriftzeichen in die unten aufgeführten Kästchen. Achten Sie auf die Strichreihenfolge und versuchen Sie, formschöne Zeichen zu schreiben. Die grauen Zeichen können überschrieben werden und dienen dazu, Ihnen ein Gefühl der Zeichen zu vermitteln.

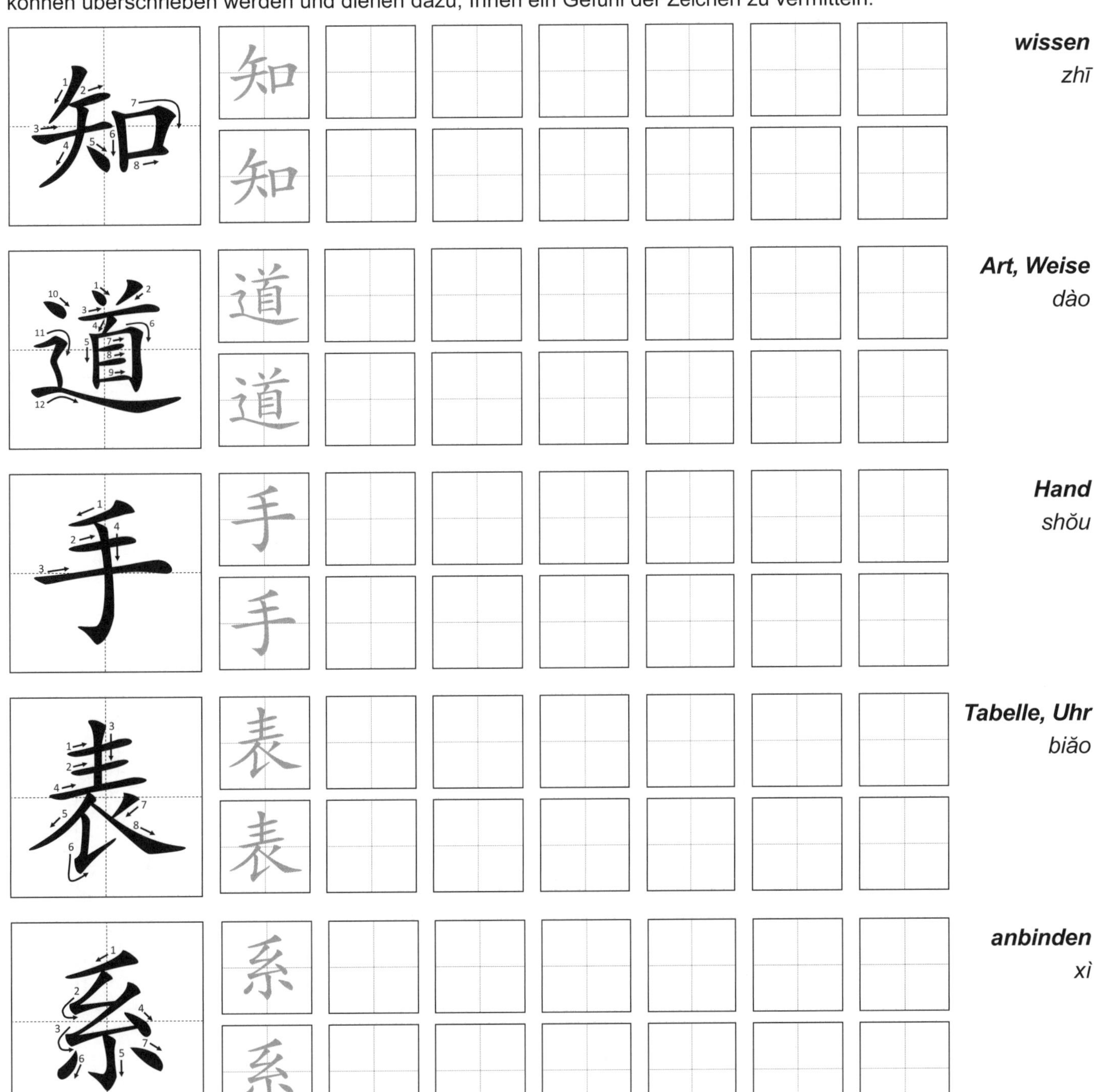

wissen
zhī

Art, Weise
dào

Hand
shǒu

Tabelle, Uhr
biǎo

anbinden
xì

Abwei-chung
chā

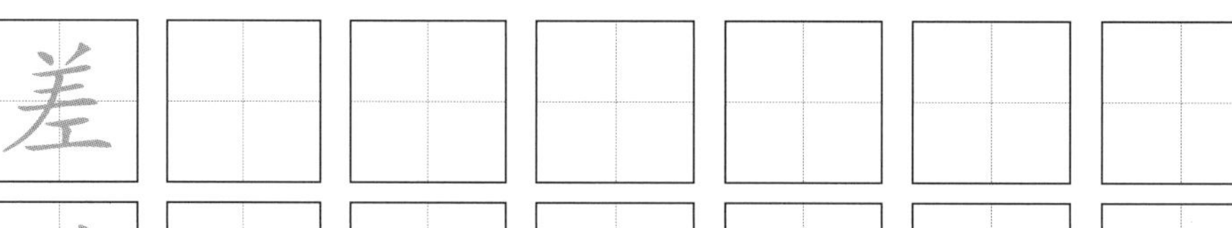

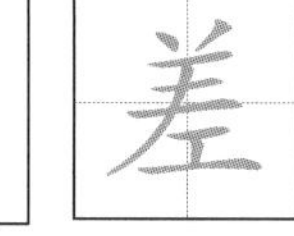

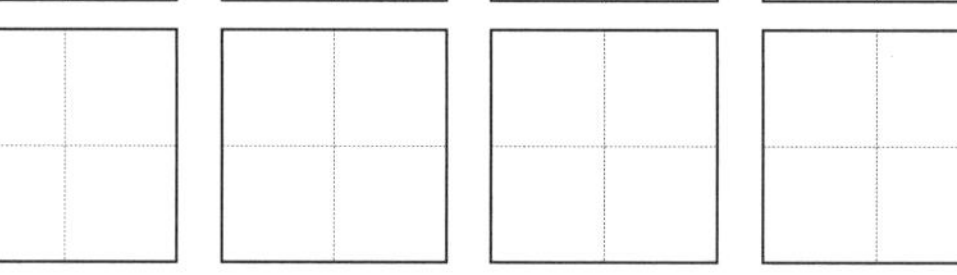

anderer
bié

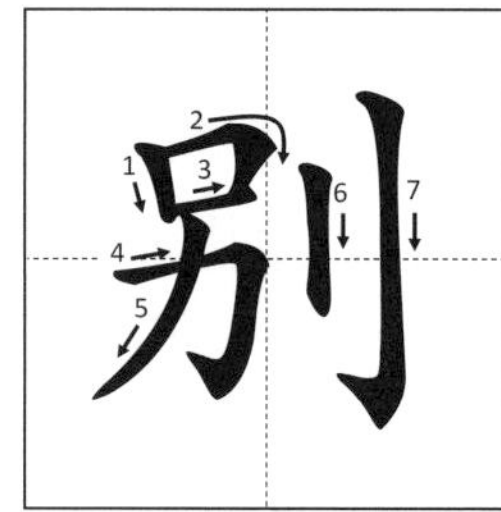

Vokabeln

Bitte üben Sie das Schreiben der neuen Vokabeln. Sprechen Sie bei jedem Zeichen laut die chinesische Aussprache.

wissen

Armband-uhr

Das macht nichts!

Ist das so?

Abwei-chung

anderer

jemand anders

Land, Staat

Filiale

Sache; An-gelegenheit

etwas vorhaben

Anderer, andere, anderes

Bitte übersetzen Sie die folgenden Ausdrücke ins Chinesische.

1. Lass uns zu einer anderen Filiale gehen! □□□□□□□□!
2. Wir gehen in ein anderes Land. □□□□□□□。
3. Lass uns jemand anderen fragen! □□□□□□□!
4. Ich benutze eine andere Armbanduhr. □□□□□□。
5. Wir gehen zu einem anderen Frisörladen. □□□□□□□□。
6. Ich kenne jemand anderen. □□□□□□。

Minuten vor / nach …

Bitte schreiben Sie die folgenden Uhrzeiten auf Chinesisch im 24h-System.

Beispiel: 10 Minuten vor, 11 Uhr, 晚上 二十三点差十分

viertel Stunde vor (Uhr: 4) 下午 □□□□□□

fünf Minuten nach (Uhr: 6) 晚上 □□□□□□

10 Minuten vor (Uhr: 11) 上午 □□□□□□

25 Minuten nach (Uhr: 5) 早上 □□□□□□

20 Minuten vor (Uhr: 12) 中午 □□□□□□□

12 Minuten nach (Uhr: 7) 早上 □□□□□

Dass...

Bitte übersetzen Sie die folgenden Dass-Sätze ins Chinesische.

1. Ich weiß, dass sie etwas vorhat.
   □□□，□□□。
2. Ich weiß, dass er Chinese ist.
   □□□，□□□□□。
3. Ich weiß nicht, dass Manager Li morgen nach Deutschland fährt.
   □□□□，□□□□□□□□。
4. Er weiß, dass ich zum Haare schneiden gehen möchte.
   □□□，□□□□□。
5. Ich weiß, dass sie mit Nachnamen Li heißt.
   □□□，□□□。
6. Ich weiß, dass jemand anderes heute Nachmittag zur Bank geht.
   □□□，□□□□□□□□□□。
7. Ich weiß nicht, dass die Filiale heute nicht geöffnet hat.
   □□□□，□□□□□□□。
8. Ich weiß nicht, dass unsere Kinder keinen Fisch mögen.
   □□□□，□□□□□□□□□。
9. Ich weiß, dass Fräulein Tang uns einladen möchte.
   □□□，□□□□□□□□。
10. Ich weiß, dass seine Schulkameraden heute Abend kommen.
    □□□，□□□□□□□。

Dass…

Bitte beantworten Sie die folgenden Fragen immer mit „Ich weiß nicht, dass…“ auf Chinesisch.

1. 你知道她能说德语吗？

2. 你知道白医生想现在去酒吧吗？

3. 你知道现在是十点差一刻吗？

4. 你知道今天天很热吗？

5. 你知道钟经理不很高兴吗？

Dialog

Bitte übersetzen Sie den folgenden Dialog ins Chinesische.

谢红: Li Qian, hast du morgen Nachmittag etwas vor?

李倩: Morgen? Ich weiß es nicht. Was für ein Wochentag ist morgen?

谢红: Morgen ist Mittwoch.

李倩: Wohin möchtest du gehen?

谢红: Ich möchte vormittags ins Museum, nachmittags ins Teehaus gehen.

李倩: Entschuldigung. Ich kann morgen Nachmittag nicht zusammen hingehen.

谢红: Warum?

李倩: Weil ich morgen Nachmittag zur Arbeit gehe.

谢红: Ist das so? Das macht nichts! Lass uns morgen Vormittag zusammen ins Museum gehen, OK?

李倩: Das geht! Bis morgen!

Übersetzung

1. Willkommen! Bitte treten Sie ein!

   ! !

2. Mein Mann kann jetzt nicht nach Hause kommen. Können Sie nachmittags noch mal wiederkommen?

   。 ?

3. Lehrerin Xie besitzt keine Armbanduhr.

   。

4. Bitte sprechen Sie langsam!

   !

Lektion B12: Morgen ist Li Qians Geburtstag.

第十二课
dì shí èr kè

Bitte bearbeiten Sie die aufgeführten Übungen. Es empfiehlt sich, jeden Tag nur einen Abschnitt zu bearbeiten, damit sich das Wissen langsam vertieft.

Schriftzeichen

Bitte schreiben Sie die neuen Schriftzeichen in die unten aufgeführten Kästchen. Achten Sie auf die Strichreihenfolge und versuchen Sie, formschöne Zeichen zu schreiben. Die grauen Zeichen können überschrieben werden und dienen dazu, Ihnen ein Gefühl der Zeichen zu vermitteln.

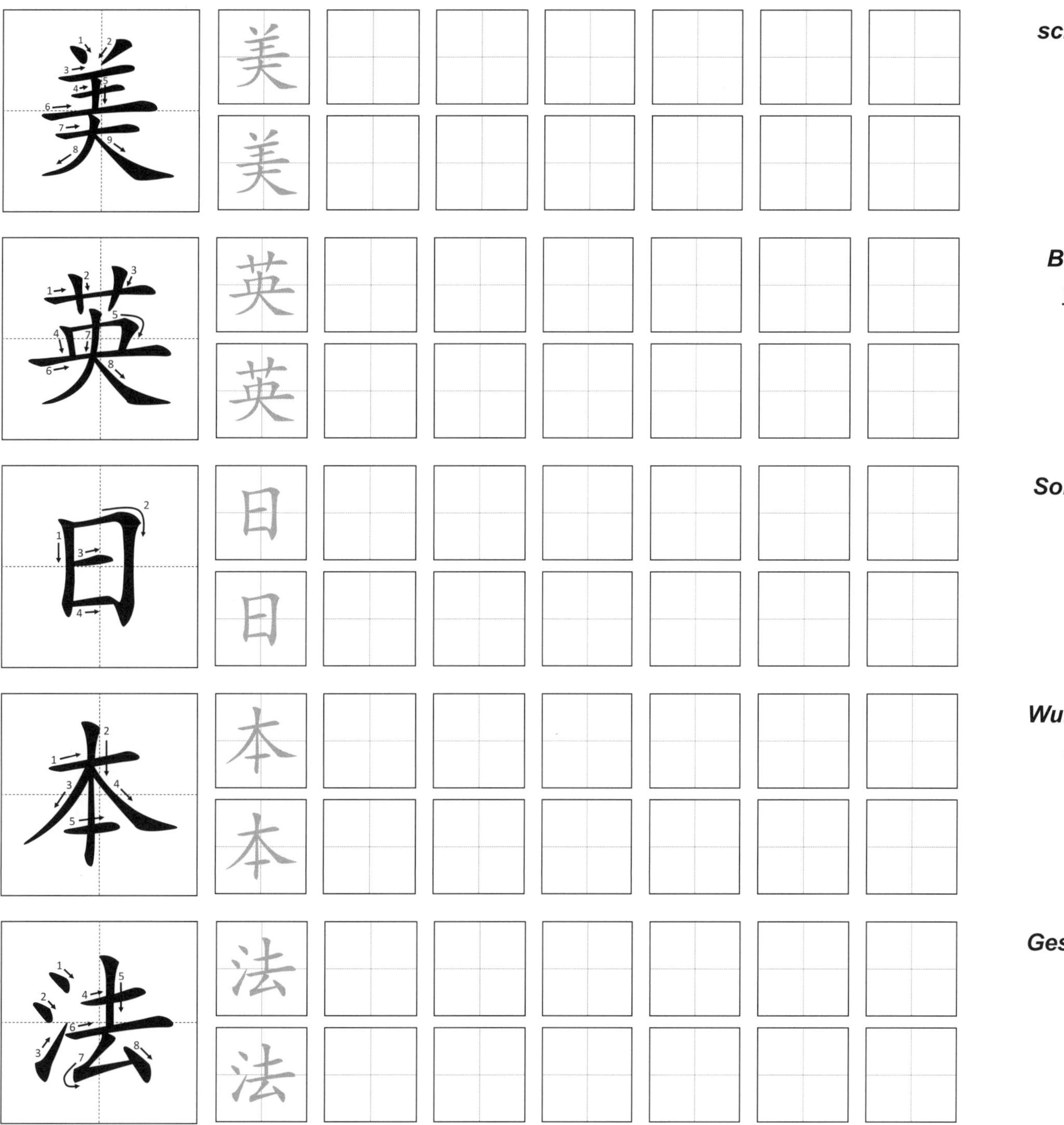

schön
měi

Blüte
yīng

Sonne
rì

Wurzel
běn

Gesetz
fǎ

Pflaume
lǐ

hübsch
qiàn

Schrift
zì

Vokabeln

Bitte üben Sie das Schreiben der neuen Vokabeln. Sprechen Sie bei jedem Zeichen laut die chinesische Aussprache.

Geburtstag

Name

USA

England

Japan

Frankreich

Li Qian

Welcher Tag?

Feierabend machen

这个星期，下个星期

Bitte lesen Sie den Mustersatz und bilden Sie mit den aufgeführten Wörtern weitere Sätze.

我的太太这个星期先去俄国，再去中国。

1. 先生，下个星期，德国，英国
2. 女儿，这个星期，法国，日本
3. 孩子，下个星期，英国，美国
4. 儿子，这个星期，中国，日本

名字

Bitte lesen Sie den Musterdialog und bilden Sie mit den aufgeführten Wörtern weitere Dialoge.

	Frage	**Antwort**
	你的名字叫什么？	我叫李倩。
谢倩	？	。
李兴	？	。
关红	？	。
钟英	？	。

Infinitiv mit „um… zu“

Bitte übersetzen Sie die folgenden Sätze ins Chinesische.

1. Um wie viel Uhr gehst du in die Filiale, um Manager Li zu treffen?
   □□□□□□□□□□？
2. Sie lädt uns ein, um zusammen Abendessen zu essen.
   □□□□□□□□□□。
3. Ich gehe, um jemand anderen zu fragen.
   □□□□□□。
4. Ich gehe nächste Woche Montag zum Frisörladen, um Haare schneiden zu lassen.
   □□□□□□□□□□□□。
5. Mutti geht heute Nachmittag ins Café, um Fräulein Xie zu treffen.
   □□□□□□□□□□□□□□。
6. Warum gehst du nicht in die Schule, um Lehrerin Bai zu fragen?
   □□□□□□□□□□□□？

Fragewörter

Bitte schreiben Sie in jede Lücke eines der Fragewörter „什么“, „谁“, „哪儿“, „哪“ oder „几“.

1. 请问，现在是________点钟？
2. 高明的朋友星期天去________？
3. 她是________？
4. 这是________国果汁？
5. 小李想________点下班？
6. 你爱吃________肉？
7. 这是________的一盘红烧牛肉？
8. 这是________茶？
9. 李倩________天回英国？
10. 博物馆下个星期________不开门？

Leseverständnis

Bitte lesen Sie den Text und beantworten Sie die Fragen auf Chinesisch. Schreiben Sie die Antworten in ganzen vollständigen Sätzen. Es können Kästchen freibleiben.

今天是星期六。今天天很好。中国现在是上午十点差一刻。明天是李倩的生日。她的三个同学明天晚上来她家吃晚饭。她爸爸妈妈很高兴认识他们女儿的同学。她的同学有中国名字。可是，他们不是中国人。钟博星是美国人，他说英语。高明美是日本女同学，她的汉语很好。法国同学叫汤中生。下个星期六是他的生日。

1. 李倩邀请几个同学？
2. 她的生日是哪天？
3. 今天天很冷吗？
4. 李倩的日本同学叫什么名字？
5. 谁是美国人？
6. 李倩的妈妈爸爸很高兴认识谁？
7. 李倩的同学明天晚上去哪儿吃晚饭？
8. 中国现在是几点钟？

Übersetzung

1. Ich freue mich sehr ihn kennenzulernen.

。

2. An welchem Tag geht sie nach Japan? □□□□□□?

3. Sie kennt nur Amerikaner. □□□□□□□。

4. Amerika ist sehr groß. □□□□。

5. Um wie viel Uhr machst du heute Feierabend? □□□□□□□?

6. Die Filiale schließt Viertel vor fünf. □□□□□□□□□。

7. Habt ihr vielleicht nächste Woche Sonntag etwas vor? □□□□□□□□□□□?

8. In welches Land reist du diese Woche Mittwoch? □□□□□□□□□?

9. Wir haben nur kalte Milch. □□□□□□□。

Nachschlagen im Wörterbuch

Zeichen	Radikal	Strichzahl Radikal	Rest-strichzahl	Pinyin	Bedeutung
春					
夏					
秋					
冬					

Lektion B13: Er ist fünf Jahre alt geworden.

第十三课
dì shí sān kè

Bitte bearbeiten Sie die aufgeführten Übungen. Es empfiehlt sich, jeden Tag nur einen Abschnitt zu bearbeiten, damit sich das Wissen langsam vertieft.

Schriftzeichen

Bitte schreiben Sie die neuen Schriftzeichen in die unten aufgeführten Kästchen. Achten Sie auf die Strichreihenfolge und versuchen Sie, formschöne Zeichen zu schreiben. Die grauen Zeichen können überschrieben werden und dienen dazu, Ihnen ein Gefühl der Zeichen zu vermitteln.

le
Hilfswort

了 了 了

echt
zhēn

真 真 真

Gast
kè

客 客 客

Vokabeln

Bitte üben Sie das Schreiben der neuen Vokabeln. Sprechen Sie bei jedem Zeichen laut die chinesische Aussprache.

Wetter

gerne geschehen

Foto

Jahr

dieses Jahr

Wie alt?

Lebensjahr

Hilfswort

echt, wahrhaftig

liebenswürdig

Gast

Familienmitglied

hoch

abgekochtes Wasser

fertig sein

höflich

Situationswechsel

Bitte übersetzen Sie die folgenden Sätze ins Chinesische. Verwenden Sie „了“, um einen Situationswechsel zu kennzeichnen.

1. Unser Gast ist gekommen. 。
2. Das Frühstück ist fertig. 。
3. Das Wetter ist warm geworden. 。
4. Das abgekochte Wasser ist kalt geworden. 。
5. Die gebackene Ente ist fertig. 。
6. Die Kollegen haben Feierabend gemacht. 。
7. Unsere Kinder sind nach Hause gekommen. 。

8. Jemand anderes ist gekommen. □□□□□。

9. Ihr schwarzer Tee ist fertig. □□□□□□。

10. Das Wetter ist kalt geworden. □□□□。

11. Die Filiale hat zu gemacht. □□□□□。

12. Er ist dieses Jahr 30 Jahre alt geworden. □□□□□□□。

今年多大了？今年几岁了？

Bitte lesen Sie den Musterdialog und bilden Sie mit den aufgeführten Wörtern weitere Dialoge. Bitte entscheiden Sie selbst, wann Sie mit „多大" oder „几岁" fragen sollten.

F: 他今年几岁了？ A: 他今年两岁了。

1. 李倩，三十四岁
   F: □□□□□□□？
   A: □□□□□□□□□。

2. 他的小儿子，四岁
   F: □□□□□□□□□□？
   A: □□□□□□□□□□。

3. 你太太，四十岁
   F: □□□□□□□□？
   A: □□□□□□□□□。

4. 你的小女儿，两岁
   F: □□□□□□□□□□？
   A: □□□□□□□□□□。

5. 你先生，三十九岁
   F: □□□□□□□□？
   A: □□□□□□□□□□。

照片

Bitte lesen Sie den Mustersatz und bilden Sie mit den aufgeführten Wörtern weitere Sätze.

这是我爱人的照片。

1. 我们孩子 ______。
2. 我家人 ______。
3. 我的学校 ______。
4. 我们家 ______。
5. 我先生 ______。
6. 李律师 ______。
7. 白医生 ______。
8. 牛经理 ______。

Dialog

Li Qian ruft Gao Ming auf dem Handy an. Bitte übersetzen Sie den Dialog in Chinesische.

李倩: Hallo! Gao Ming. Hast du jetzt Feierabend gemacht?

高明: Ja, ich mache jetzt Feierabend. Hast du heute Abend etwas vor?

李倩: Nein, ich habe nichts vor. Wir gehen, zusammen Kaffee zu trinken, wie wär's?

高明: In Ordnung!

她们一起去咖啡馆喝咖啡。

李倩: Hast du die Fotos deiner Familienmitglieder dabei?

高明: Habe ich. Dies ist ein Foto meiner Tochter. Sie ist drei Jahre alt.

李倩: Sie ist echt süß! Wie ist ihr Name?

高明: Ihr Name heißt Gao Hong.

李倩: Und dein Sohn?

高明: Dies ist ein Foto meines Sohnes. Er ist dieses Jahr sieben Jahre alt geworden.

李倩: Er ist auch sehr niedlich.

高明: Hast du auch Fotos deiner Familienmitglieder dabei?

李倩: Ja. Dies ist ein Foto meines Ehemannes. Wir haben keine Kinder.

高明: Er ist sehr groß!

李倩: Ja, er ist Engländer. Sein Vater ist auch sehr groß.

高明: Wie ist sein Name?

李倩: Sein chinesischer Name ist „李贵明".

真

Bitte übersetzen Sie die folgenden Ausdrücke ins Chinesische.

wirklich gut	wahrhaft teuer
wirklich hoch	echt höflich
echt niedlich	wirklich erfreut
wirklich klein	wahrhaftig langsam
wahrhaft kalt	wirklich heiß

Schriftzeichen

Bitte betrachten Sie die Schriftzeichen und bestimmen Sie die Radikale. Schreiben Sie anschließend jeweils andere Schriftzeichen rechts in die Kästchen, die das gleichen Radikal besitzen.

热 迎 别 冷 字

现 超 杯 因 经

Unten finden Sie vier Gruppen von Schriftzeichen. Die Gruppen sind nach der Schriftzeichenstruktur gebildet. Jeweils ein Schriftzeichen passt aufgrund seiner Struktur nicht in seine Gruppe. Schreiben Sie die falsch zugeordneten Schriftzeichen in die leeren Kästchen.

零，客，会，迎

儿，子，兴，十

孩，别，知，律

物，博，超，院

Übersetzung

1. Nächste Woche ist Manager Lis Sohn Geburtstag. Weißt du, ob er eine Armbanduhr besitzt?
2. Das macht nichts! Nichts zu danken!
3. In Amerika ist es jetzt Viertel vor zehn. Richtig?
4. Um wie viel Uhr abends kommen unsere Gäste zu uns nach Hause?
5. Sie lädt uns zum Abendessen ein.
6. Ich habe gehört, dass Tang Zhongsheng auch hingeht.
7. Weißt du, dass morgen ihr Geburtstag ist?

Nachschlagen im Wörterbuch

Zeichen	Radikal	Strichzahl Radikal	Reststrichzahl	Pinyin	Bedeutung
打					
口					
送					

Lektion B14: Er ist nicht da.

第十四课

dì shí sì kè

Bitte bearbeiten Sie die aufgeführten Übungen.

Schriftzeichen

Vokabeln

Student

Physik

Fakultät

Freund, Freundin

Biologie

Mond, Monat

sich befinden

zurückkommen

wollen, müssen

Universität

Mittelschule

Grundschule

Mittelschüler, -in

Grundschüler, -in

an einer Bespr. teilnehmen

月

Januar

Februar

März

April

Mai

Juni

Juli

August

September

Oktober

November

Dezember

年月日

Bitte übersetzen Sie die Datumsangaben ins Chinesische. Schreiben Sie zu Übungszwecken auch die Zahlen auf Chinesisch.

10. Mär.

4. April

1. Jan.

7. Mai

2. August

9. Sep.

6. Juli

8. Feb.

11.08.1971

01.12.2009

23.06.1876

24.07.2004

11.09.2003

生日

Bitte lesen Sie den Mustersatz und bilden Sie weitere Sätze, indem Sie den unterstrichenen Satzteil ersetzen.

他的生日是十一月八日。

12. Dez.

4. Apr.

26. Mai

6. Nov.

14. Jun.

在哪儿?

Bitte lesen Sie den Musterdialog und bilden Sie mit den aufgeführten Wörtern weitere Dialoge.

F: 李倩的朋友在哪儿? A: 她的朋友现在在学校。

1. 谢红, 物理系 {她}
   F: ?
   A: 。
2. 高明, 生物系 {她}
   F: ?
   A: 。
3. 小理, 家 {他}
   F: ?
   A: 。
4. 李倩, 大学 {她}
   F: ?
   A: 。
5. 白理, 美国 {他}
   F: ?
   A: 。
6. 钟律师, 英国 {他}
   F: ?
   A: 。
7. 牛老师, 博物馆 {她}
   F: ?
   A: 。
8. 李女士, 咖啡馆 {她}
   F: ?
   A: 。

要

Bitte übersetzen Sie die folgenden Sätze ins Chinesische.

1. Ich will jetzt Feierabend machen. □□□□□□。
2. Ich muss jetzt nach Hause gehen. □□□□□□。
3. Meine Freundin will mich um 10 Minuten vor 7 Uhr treffen. □□□□□□□□□□□□□。
4. Ich will heute Abend keinen Alkohol trinken. □□□□□□□。
5. Weil er es will! □□□□！
6. Er will keine Kinder haben. □□□□□□。
7. Aber warum willst du jetzt essen? □□，□□□□□□□□□？
8. Wir wollen gemeinsam zum Fachbereich für Physik gehen, um an einer Versammlung teilzunehmen. □□□□□□□□□□□。
9. Willst du vielleicht Fisch essen? □□□□□□？
10. An welchem Tag willst du nach England fahren? □□□□□□□？
11. Ich will hingehen, um ihn zu sehen. □□□□□。
12. Ich will auch eine Armbanduhr haben. □□□□□□。

Worträtsel

Bitte suchen Sie die aufgeführten Worte und Sätze in dem Schriftzeichenwürfel. Die chinesischen Worte und Sätze sind entweder von oben nach unten oder von links nach rechts geschrieben. Markieren Sie die gefundenen Schriftzeichen wie im Beispiel dargestellt.

Worte und Sätze:

~~Mittelschüler~~
Biologie
höflich
Familienmitglied
Wetter
dieses Jahr
Feierabend machen
Russin
Welcher Tag?
Li Qian
Name
Geburtstag
etwas vorhaben
Staat
Filiale
Armbanduhr
Buchhandlung

家	八	俄	水	法	差	子	手
人	国	国	有	事	天	一	表
儿	月	人	生	日	气	朋	咖
分	店	中	学	生	是	客	气
李	茶	书	店	壶	下	班	果
倩	国	理	今	年	生	名	经
酒	家	美	哪	天	物	字	士

Übersetzung

1. Du weißt es nicht? Das macht nichts. □□□□□？□□□。
2. Sie kann kein Englisch sprechen, ist das so? □□□□□□，□□？
3. Das andere Foto ist echt gut. □□□□□□。
4. Wie alt ist Ihre kleine Tochter dieses Jahr geworden? □□□□□□□□□□？
5. Ich freue mich, dass das Wetter warm geworden ist. □□□□，□□□□。
6. Er muss diesen Mittwoch an einer Besprechung teilnehmen. □□□□□□□□□。
7. Das Kind ist echt niedlich. □□□□□。
8. Was für ein Wochentag ist heute? □□□□□□？

Lektion B15: Er arbeitet in einer Firma.

第十五课
dì shí wǔ kè

Bitte bearbeiten Sie die aufgeführten Übungen. Es empfiehlt sich, jeden Tag nur einen Abschnitt zu bearbeiten, damit sich das Wissen langsam vertieft.

Schriftzeichen

Bitte schreiben Sie die neuen Schriftzeichen in die unten aufgeführten Kästchen. Achten Sie auf die Strichreihenfolge und versuchen Sie, formschöne Zeichen zu schreiben. Die grauen Zeichen können überschrieben werden und dienen dazu, Ihnen ein Gefühl der Zeichen zu vermitteln.

alle
dōu

wohnen
zhù

gemeinsam
gōng

führen
sī

Arbeit
gōng

machen
zuò

als etwas fungieren
dāng

Vokabeln

Bitte üben Sie das Schreiben der neuen Vokabeln. Sprechen Sie bei jedem Zeichen laut die chinesische Aussprache.

sich befinden, in

Firma

arbeiten

alle

wohnen

als etwas fungieren

Gesetz, Recht

Arbeiter, -in

Uhrenladen

Frisörmeister, -in

在... 工作

Bitte lesen Sie den Mustersatz und bilden Sie mit den aufgeführten Wörtern weitere Sätze.

谢红在德国公司工作。

1. 关红，钟表店 。
2. 牛经理，银行 。
3. 钟师超，博物馆 。
4. 汤先生，邮局 。
5. 高明，理发店 。
6. 白律师，酒店 。
7. 汤小姐，物理系 。
8. 李开，德国商店 。

在... 当

Bitte lesen Sie den Mustersatz und bilden Sie mit den aufgeführten Wörtern weitere Sätze.

她在医院当医生。

1. 学校，老师 。
2. 日本公司，律师 。
3. 美国公司，工人 。
4. 中国公司，经理 。
5. 理发店，理发师 。
6. 医院，医生 。

都

Bitte übersetzen Sie die folgenden Sätze in Chinesische. Es können Kästchen frei bleiben.

1. Sie alle möchten Fisch essen.
2. Wir alle wissen es nicht.
3. Die Schüler verstehen alle kein Französisch.
4. Die Schüler können alle Englisch sprechen.
5. Warum arbeiten die Arbeiter alle nicht?
6. Die Kinder sind alle zu Hause.
7. Die Studenten wohnen alle in der Universität.
8. Seine Söhne wollen alle Recht lernen.
9. Die Fotos sind alle sehr gut.
10. Die Deutschen arbeiten alle heute nicht.
11. Die Kollegen haben alle heute Abend etwas vor.
12. Die Schüler möchten alle heute Mittag nach Hause gehen.
13. Wir freuen uns alle sehr dich kennenzulernen.
14. Wir alle gehen 10 Minuten vor vier ins Museum, Li Qian zu treffen.
15. Aber die Kollegen sind alle in den USA.

他们都… 岁了

Bitte lesen Sie den Musterdialog. Bilden Sie anschließend mit den aufgeführten Altersangaben weitere Dialoge. Achten Sie darauf, bei einem Alter unter zehn Jahren mit „几岁“, bei einem Alter über zehn Jahren mit „多大“ zu fragen.

F: 你的学生几岁了？

A: 他们今年都五岁了。

七 十五 八 十八

F: ?

A: 。

F: ?

A: 。

F: ?

A: 。

F: ?

A: 。

Ortsangaben

Bitte übersetzen Sie die folgenden Ortsangaben ins Chinesische.

im Uhrenladen

in der Firma

in der Schule

im Museum

in den USA

zu Hause

in der Post

in Japan

im anderen Land

in der Filiale

Satzteile

Bitte lesen Sie die vorgegebenen Sätze und ergänzen Sie die links angegebenen Satzteile an der richtigen Stelle im Satz.

1. 我在家喝白葡萄酒。

现在 □□□□□□□□□□。

不 □□□□□□□□□。

2. 他们想今晚吃饭。

在饭馆 □□□□□□□□□□。

在家 □□□□□□□□□。

3. 她当理发师。

在理发店 □□□□□□□□□。

在超市 □□□□□□□□。

4. 照片在家。

都 □□□□□。

现在 □□□□□□。

5. 孩子住在英国。

今年 □□□□□□□□。

我们的 □□□□□□□□□。

6. 我不知道你有客人。

在家 □□□□□□□□□□。

下个星期三 □□□□□□□□□□
□□□。

Leseverständnis

Bitte lesen Sie den Text, den Xie Hong uns erzählt, und beantworten Sie die Fragen. Schreiben Sie die Antworten in vollständigen Sätzen. Es können Kästchen leer bleiben.

你好！我姓谢。我的名字是谢红。我是中国人。我今年五十四岁了。我在中国公司工作。我有两个孩子。大儿子在德国学法律。小女儿在美国工作。他们都不住在家。我先生在中国学校当老师。

1. 谢女士叫什么名字？
2. 她是哪国人？
3. 她今年多大了？
4. 她有没有孩子？
5. 她有几个孩子？
6. 她在哪儿工作？
7. 她先生在学校当什么？
8. 她的女儿住在哪儿？
9. 她的儿子学什么？
10. 她的儿子住在哪儿？
11. 她的孩子都住在家吗？
12. 她先生在哪儿工作？

Übersetzung

1. Das ist das Foto meiner kleinen Tochter. Sie ist echt niedlich. Richtig?

   □□□□□□□□
   □。□□□□，□□?

2. Dein Ehemann ist sehr höflich.

   □□□□□□□。

3. Das abgekochte Wasser ist jetzt kalt geworden.

   □□□□□□。

4. Es ist jetzt fünf Minuten vor eins.

   □□□□□□□□。

5. Morgen ist Gao Mings Geburtstag. Die Freunde alle möchten zu ihm nach Hause kommen.

   □□□□□□□□。
   □□□□□□□□。

6. An welchem Tag ist dein Geburtstag?

   □□□□□□□?

7. Heute ist Sonntag, der erste August. Weißt du das nicht?

   □□□□□□□□
   □□。□□□□□?

8. Der Uhrenladen der Universität hat heute geschlossen. Kennst du vielleicht einen anderen Uhrenladen.

   □□□□□□□□
   □□。□□□□□□
   □□□□?

Nachschlagen im Wörterbuch

Zeichen	Radikal	Strichzahl Radikal	Rest-strichzahl	Pinyin	Bedeutung
鼻					
耳					

Lektion B16: Ein Tag von Xiao Li

第十六课
dì shí liù kè

Bitte bearbeiten Sie die aufgeführten Übungen. Es empfiehlt sich, jeden Tag nur einen Abschnitt zu bearbeiten, damit sich das Wissen langsam vertieft.

Schriftzeichen

Bitte schreiben Sie die neuen Schriftzeichen in die unten aufgeführten Kästchen. Achten Sie auf die Strichreihenfolge und versuchen Sie, formschöne Zeichen zu schreiben. Die grauen Zeichen können überschrieben werden und dienen dazu, Ihnen ein Gefühl der Zeichen zu vermitteln.

Vokabeln

Bitte üben Sie das Schreiben der neuen Vokabeln. Sprechen Sie beim Schreiben laut mit.

ein Tag

und, mit

nächstes Jahr

eingeschult werden

kaufen

Buch

Buchhandlung

Chinesisch

beschäftigt

Schulbeginn

和 als „und“

Bitte lesen Sie den Mustersatz und bilden Sie mit den aufgeführten Wörtern weitere Sätze.

我和谢红在超市买德语书。

大学，英语 。

书店，汉语 。

超市，日语 。

商店，汉语 。

书店，法语 。

他去买杯子、盘子和碗。

啤酒，果汁，水 　　　　　　　　　　。

茶，牛奶，咖啡 　　　　　　　　　　。

猪肉，鸡肉 　　　　　　　　　　。

水壶，盘子 　　　　　　　　　　。

可乐，葡萄酒 　　　　　　　　　　。

和 als „mit“

Bitte übersetzen Sie die folgenden Sätze ins Chinesische. Es können Kästchen leer bleiben.

1. Er möchte mit ihr heute Abend in die Bar gehen.
2. Mit wem geht sie am Nachmittag ins Museum?
3. Er geht mit seinem Freund am Freitag zusammen in die Schule, um Chinesisch und Französisch zu lernen.
4. Er reist mit seiner Frau am Sonntag nach China.
5. Er geht mit Lehrer Bai zusammen zum Fachbereich für Physik, um an einer Versammlung teilzunehmen.

Dialog

Bitte bilden Sie neue Dialoge, indem Sie die unterstrichenen Satzteile des Musters ersetzen.

超市 A: 你为什么要去<u>超市</u>？

水壶 B: 因为，我要去买<u>水壶</u>。

1. 商店 A: □□□□□□□□？

葡萄酒 B: □□，□□□□□□□。

2. 超市 A: □□□□□□□□？

水果 B: □□，□□□□□□。

3. 钟表店 A: □□□□□□□□□？

手表 B: □□，□□□□□□。

4. 书店 A: □□□□□□□□？

汉语书 B: □□，□□□□□□□。

月日

Bitte lesen Sie den Mustersatz und bilden Sie mit den aufgeführten Wörtern weitere Sätze.

<u>大学一月十一日</u>开学。

小学，二月三日 □□□□□□□□。

中学，八月三十日 □□□□□□□□□。

大学，十月二十二日 □□□□□□□□□□。

学校，九月十五日 □□□□□□□□□。

李超的一天

Bitte lesen Sie den Text und beantworten Sie die Fragen. Schreiben Sie die Antwort in ganzen Sätzen. Es können Kästchen leer bleiben.

李超是中学生。她今天很忙。她和她妈妈、她爸爸七点在家吃早饭。她和她的朋友八点差十分一起去学校。上午，她们在中学学汉语和物理。她们中午去学校的饭馆吃中饭。下午，她们学生物和英语。五点钟，她要一个人去超市见她的法国朋友。他们先在超市喝咖啡，再去书店买英语书。李超六点半回家。她妈妈很高兴她回来了。

她几点钟吃早饭？

她是什么学生？

她上午学什么？

她中午在哪儿吃饭？

她五点见谁？

她的朋友是哪国人？

她一个人去超市吗？

她在书店买什么？

她在超市喝什么？

她几点回家？

她妈妈为什么很高兴？

忙

Bitte übersetzen Sie die folgenden Sätze ins Chinesische. Es können Kästchen leer bleiben.

Er ist heute sehr beschäftigt.

Warum ist er sehr beschäftigt?

Sie ist in der Firma sehr beschäftigt.

Bist du sehr beschäftigt?

Er und ich sind alle sehr beschäftigt.

Meine Freunde sind sehr beschäftigt.

Frau Li ist in der Universität sehr beschäftigt.

Arzt Bai ist im Krankenhaus sehr beschäftigt.

Übersetzung

1. Herr und Frau Li sind Lehrer an einer Grundschule.

   。

2. Die Arbeiter müssen alle heute um 17 Uhr Feierabend machen.

   。

3. Um wie viel Uhr kommst du zurück?

   ?

4. Das Photo ist jetzt fertig geworden. Stimmt's?

5. Die japanischen Studenten übernachten alle nicht an der Uni.

6. Herr Gao arbeitet als Rechtsanwalt in einer amerikanischen Firma.

7. Sie hat am 19.11. Geburtstag. Sie ist in diesem Jahr 37 Jahre alt geworden.

8. Ich muss heute um 12 Uhr im Fachbereich für Biologie sein, um an einer Versammlung teilzunehmen.

9. Dein kleiner Sohn ist echt niedlich! Wie alt ist er geworden?

10. Hast du morgen vielleicht etwas vor?

11. Nächstes Jahr wird er eingeschult.

12. Seine Familienmitglieder wohnen alle in Deutschland.

13. Das Wetter ist kalt geworden.

14. Ich gehe, um jemand anderen zu fragen.

Lücken füllen

Bitte füllen Sie die Lücken, indem Sie ein „、" oder „和" eintragen.

1. 我___李倩___关红
2. 我___高超___钟贵生
3. 杯子___盘子___碗___水壶
4. 猪肉___牛肉___鸡肉
5. 可乐___果汁___冰咖啡
6. 我___我爸爸___他爸爸

Struktur der Schriftzeichen

Bitte betrachten Sie die links aufgeführten Schriftzeichen und die rechts abgebildeten Strukturen. Schreiben Sie alle Schriftzeichen, die Sie einer Struktur zuordnen können, in die freien Kästchen.

公	多	局	了
气	日	汉	名
司	点	住	差
月	要	店	忙
本	和	照	去
作	系	当	岁

Nachschlagen im Wörterbuch

Zeichen	Radikal	Strichzahl Radikal	Rest-strichzahl	Pinyin	Bedeutung
玉					
金					
铁					

Lösungen

Lektion B1:

Grammatik

1. 这是不是你的冰啤酒？ 2. 你们有没有热茶？ 3. 牛小红懂不懂？ 4. 您有没有名片？ 5. 你有没有孩子？ 6. 您是不是经理？ 7. 你的儿子叫不叫小名？

Zähleinheitswörter

两个儿子，一个女儿，三个瓶子，两个盘子，一个杯子，三个孩子，一杯茶，一碗饭，三瓶啤酒，两个经理

Fragen ohne Fragepartikel

您有没有孩子？ 这是不是您的名片？ 你的女儿叫不叫小理？ 你爱不爱喝鸡汤？ 你们有没有三瓶红葡萄酒？

Handschrift

你好，我叫牛小乐。我是经理。我有两个孩子。你有没有孩子？

Übersetzung

1. 对不起，我听不懂！请您慢慢说！ 2. 您有没有冰果汁？ 3. 你的红茶很好喝！ 4. 小心！茶壶很烫！ 5. 这是谁的一盘红烧鱼？ 6. 我也不爱喝可乐。 7. 晚上好，谢小姐！请进！ 8. 她很想她的先生！ 9. 我想问你，你也想喝冰咖啡吗？ 10. 你们有没有烤鸭？ 11. 白老师，谢谢您的邀请！再见！

Lektion B2:

Grammatik

1. 我妈妈不会说德语。 2. 我们只有冰啤酒。 3. 我只会说德语。 4. 我的女儿不会烧饭。 5. 牛律师只懂一点儿德语。 6. 我听说，谢经理的德语很好。 7. 我听说，你的儿子叫小理。 8. 我会烧饭。

Können

你懂英语吗？ 懂，我会说一点儿英语。

你懂法语吗？ 懂，我会说一点儿法语。

你懂汉语吗？ 懂，我会说一点儿汉语。

Nur

2. 她只学德语吗？ 不，她也学汉语。 3. 她只会用瓶子喝水吗？ 不，她也会用杯子喝水。 4. 她只有一个儿子吗？ 不，她也有一个女儿。

Übersetzung

1．对不起，我听不懂！我只懂德语。 2．她会烧饭吗？ 3．我的女儿只想吃一点儿饭。 4．我听说，冰德国啤酒很好喝。 5．她想不想学德语？ 6．汤经理有没有名片？ 7．我的孩子也只会说一点儿德语。 8．我们只有一壶热水。 9．谢律师的太太爱喝红葡萄酒。 10．哪里，哪里！

Lektion B3:

Grammatik

1．咖啡馆几点开门？ 2．饭馆两点开门。 3．我们晚上喝冰啤酒吧！ 4．茶馆早上十点开门。 5．我想晚上吃烤鸭。 6．我们晚上喝牛奶吧！ 7．你想早上几点吃饭？ 8．我们只邀请汤律师吧！

Uhrzeit

03，21，19，08，09，10，一点，两点，三点，十点

Aufforderung

我们早上喝两杯咖啡吧！ 我们晚上喝一瓶葡萄酒吧！ 我们早上十点吃饭吧！ 我们晚上邀请白老师吧！ 我们晚上十点学德语吧！ 我们晚上喝三碗猪肉汤吧！ 我们早上喝一杯(壶)中国茶吧！

Übersetzung

1．饭馆几点开门？ 2．这是什么果汁？ 3．对不起，我听不懂！ 4．请开门！
5．我太太爱喝冰果汁。 6．我们早上十点喝一壶茶，好吗？ 7．小心，咖啡很烫！
8．你只爱喝红茶吗？ 9．茶馆三点开门。 10．你也只会说德语吗？ 11．你想两点喝咖啡吗？ 12．我听说，你们晚上喝法国红葡萄酒。 13．你们有没有烤鸭？
14．白律师，谢谢您的邀请！再见！ 15．晚上好！谢女士！请进！ 16．哪里，哪里！你喝吧！

Struktur der Schriftzeichen

1．馆，吧，语，经，律，理　2．茶，会，早，只　3．点，您，热，烫
4．门，十，几，太　5．老，名

Lektion B4:

Grammatik

1．我女儿晚上六点吃晚饭。 2．咖啡馆早上八点开门。 3．饭馆中午十一点开门。
4．我太太下午四点喝果汁。 5．你晚上八点喝啤酒吗？ 6．他的儿子几点学德语？
7．我爸爸爱吃红烧牛肉。 8．我们的孩子晚上几点学德语？

Warm und kalt

1．上午九点很冷。我喝热咖啡。 2．中午十二点很热。我喝冰可乐。
3．晚上十一点很冷。我喝烫猪肉汤。 4．下午四点很热。我喝冰啤酒。

Handschrift

你好。我姓谢。我是老师。我是中国人。我爱早上七点喝热咖啡。

Übersetzung

1. 你只有李经理的名片吗？ 2. 这是哪国果汁？ 3. 请来两小碗饭！ 4. 饭馆下午几点开门？ 5. 我们喝冰可乐吧！ 6. 孩子们中午十二点喝牛肉汤，好吗？ 7. 您会不会说德语？ 8. 我想吃一盘红烧鱼。 9. 你问我吗？我晚上七点喝两小杯白酒。 10. 中国绿茶很好喝。 11. 妈妈想中午吃鸡肉！ 12. 我听说，你有咖啡壶。

Lektion B5:

Vokabeln

1. 德国人 2. 葡萄 3. 水果 4. 中国 5. 三碗饭 6. 咖啡 7. 三盘 8. 爱吃鱼

Grammatik

1. 现在是下午两点钟。 2. 我想去中国。 3. 我太太现在去咖啡馆。 4. 他们上午十一点去银行。 5. 银行晚上八点关门。 6. 饭馆几点开门？ 7. 茶馆上午九点开门。 8. 现在是几点钟？ 9. 我想下午六点吃红烧鱼。 10. 银行十七点关门。 11. 饭馆现在不开门。

谁下午四点喝咖啡？ 谢小姐下午几点喝咖啡？ 谢小姐下午四点喝什么？

她是谁的德国学生？ 她是谢老师的哪国学生？ 谁是谢老师的德国学生？

什么早上五点钟开门？ 茶馆早上几点钟开门？

谁十九点钟吃晚饭？ 孩子几点钟吃晚饭？ 孩子十九点钟吃什么？ 孩子十九点钟吃什么饭？

Übersetzung

1. 我想十八点去银行。 2. 现在是几点钟？ 3. 妈妈爱喝中国绿茶！ 4. 银行几点关门？ 5. 你好，钟经理，请进。 6. 我们十六点吃红烧鸡肉，好吗？ 7. 谢谢你的邀请！ 8. 你会说德语吗？ 9. 你想几点去咖啡馆？ 10. 饭馆二十二点关门。 11. 哪里，哪里！

Handschrift

关爱心，你好！我很想你！我下午十六点去银行。我想晚上见你。我们二十点见，好吗？

Uhrzeiten

下午四点，晚上八点，晚上十二点，中午十二点，晚上十点，下午三点

Richtungsverb

他的太太现在去不去银行？ 她的女儿现在去不去茶馆？ 白律师的孩子现在去不去饭馆？ 谢红现在去不去中国？ 你儿子现在去不去咖啡馆？ 牛经理现在去不去德国？ 你的两个女儿现在去不去银行？

Struktur der Schriftzeichen

1．钟，银，现，吧，行，馆　2．只，早，会，关，六　3．热，烫，去
4．十，八，九，几，七　5．名　6．起，邀，这，进

Lektion B6:

Uhrzeiten

1．八点一刻　2．一点半　3．七点一刻　4．十二点半　5．两点三刻
6．十一点半　7．一点一刻　8．两点半

Grammatik

1．现在是下午两点一刻。 2．你想去哪儿？ 3．我下午五点半去邮局。 4．他们上午十点半去银行。 5．银行现在不关门。 6．我想早上八点半去学校。 7．为什么邮局现在不开门？ (oder: 邮局为什么现在不开门？) 8．老师们想现在去哪儿？ 9．为什么汤律师不上班？(oder: 汤律师为什么不上班？) 10．银行十七点三刻关门。

1 a) 谁上午八点半去学校？ 1 b) 学生们上午几点半去学校？ 1 c) 学生们上午八点半去哪儿？ 2 a) 谁想八点一刻去邮局？ 2 b) 白老师想几点去邮局？ 2 c) 白老师想八点一刻去哪儿？ 3 a) 哪儿早上七点三刻开门？ 3 b) 邮局早上几点三刻开门？ 3 c) 邮局早上七点几刻开门？ 4 a) 谁十二点吃中饭？ 4 b) 他们几点吃中饭？ 4 c) 他们十二点吃什么？ 4 d) 他们十二点吃什么饭？

Übersetzung

1．你们现在去哪儿？ 2．邮局七点半开门吗？ 3．我妈妈下午去银行。 4．请来三瓶德国啤酒。 5．现在是四点一刻。 6．你为什么爱去学校？ 7．现在是十四点一刻。 8．我的太太只会说一点儿德语。 9． 他儿子为什么不想去学校？ 10．他为什么不爱吃猪肉？ 11．汤律师为什么没有名片？

Lektion B7:

Aber

1．妈妈想现在去茶馆。可是，茶馆现在不开门。 2．李小姐想喝热水。可是，学校没有热水。 3．钟女士想现在去银行。可是，银行现在不开门。 4．白医生想去德国。可是，他不会说德语。 5．牛先生想下午去邮局。可是，邮局下午不上班。 6．我很想吃红烧鱼。可是，我不会烧鱼。 7．汤经理想有一个孩子。可是，他太太不想。 8．我很想吃猪肉。可是，饭馆没有猪肉。

Warum und Weil

1．他为什么姓关？ 因为，他爸爸姓关。 2．他为什么想去德国？ 因为，他想学德语。 3．他为什么不喝啤酒？ 因为，他不爱喝啤酒。 4．他为什么现在去邮局？ 因为，邮局现在上班。 5．他为什么不去博物馆？ 因为，博物馆不开门。 6．他为什么不用杯子喝水？ 因为，他不会。

Zuerst und dann

1．钟律师想先去上班，再去超市。 2．他们想先去茶馆，再去博物馆。 3．关老师想先去饭馆，再去酒吧。 4．谢经理想先喝酒，再吃饭。 5．汤名中想先问我，再问他妈妈。

Attribute

1．酒吧的瓶子 2．银行的门 3．白经理的孩子 4．医院的超市 5．博物馆的咖啡 6．邮局的人 7．学校的学生 8．汤律师的名片 9．我妈妈的碗 10．我爸爸的杯子

Übersetzung

1．好！我们八点钟见！ 2．你们现在有没有一壶热水？ 3．他儿子想先吃早饭，再去上班。 4．对不起，你说什么？ 5．哪里，哪里！我女儿只会说一点儿德语。 6．我听说，博物馆的咖啡很好喝。

Lektion B8:

Grammatik

1．今天是星期几？ 2．明天是星期四。 3．银行星期天也开门。 4．商店今天几点关门？ 5．德国啤酒很好喝。 6．邮局明天下午六点关门。 7．现在是星期三晚上八点一刻。 8．我们想今天七点半去学校。 9．你想上午十一点钟去酒店吗？

Lückentext

的，吃，谢，邀，不，再，你，去，我，现，天，是，开，门，邮，几，点，钟，局，期，上，点，开，门，午，点，刻，关，门，再，见

Wochentag und Uhrzeit

1．今天下午三点钟 2．星期六晚上七点一刻 3．星期三中午十一点半 4．星期天早上八点三刻

Übersetzung

1．今天是星期一。 2．我想明天下午四点钟喝红茶。 3．你们几点去酒店？ 4．博物馆明天早上八点半开门。 5．你的茶很好喝。 谢谢你的邀请！ 6．钟医生想星期天中午吃红烧猪肉。 7．请再来三瓶啤酒，一杯果汁。 8．可是，她不想去商店。 9．谁想先去邮局，再去学校的超市？ 10．汤老师的孩子为什么想今天下午去医院的咖啡馆？ 11．为什么？因为，今天很热！

Lektion B9:

Wetter

1. 今天天很好。 2. 今天天不很好。 3. 明天天很热。 4. 明天天很冷。

Grammatik

1. 学校的老师很高兴认识你。 2. 爱人的同事明天下午一起去博物馆。 3. 邮局星期天不开门。 4. 商店下午几点关门？ 5. 中国白酒很好喝。 6. 我先去叫你，再去叫他。（我先去叫他，再去叫你。） 7. 白先生一个人去学校的茶馆。 8. 你想十一点钟去酒店吗？ 9. 我很高兴认识他。

Adverb oder Verb

1. 很 2. 是 3. 很 4. 很 5. 是 6. 很 7. 是 8. 很 9. 很
10. 很 11. 是 12. 很 13. 很 14. 是 15. 很 16. 很

Adverb

1. 一起，再 2. 一个人，一起，再 3. 一个人，一起，再 4. 一个人，一起
5. 一起，再 6. 一起，再 7. 一个人，一起，再 8. 一个人 9. 一个人，再
10. 一个人 11. 再，一起 12. 一个人，再 13. 一起，再 14. 一个人

Positive und negative Fragen

1. 你欢迎不欢迎他来？ 你欢不欢迎他来？ 2. 谢红今天高兴不高兴？ 谢红今天高不高兴？ 3. 李经理邀请不邀请我们？ 李经理邀不邀请我们？ 4. 白律师今天上班不上班？ 白律师今天上不上班？

Übersetzung

1. 他的太太为什么一个人去饭馆？ 2. 欢迎你！ 3. 我很高兴认识您！ 4. 可是，博物馆星期一关门！ 5. 我们星期五下午不上班。我们一起去超市，好吗？
6. 我去医院，因为我想见白医生。 7. 我听说，他只会说一点德语。 8. 这是我太太的名片。 9. 你的孩子现在去哪儿？

Richtige Reihenfolge

1. 这是我妈妈的碗。 2. 饭馆的饭很好吃。 3. 医院的钟很大。 4. 银行的律师说什么？ 5. 学校的商店不开门。 6. 这是谁的名片？

Lektion B10:

Minuten

1. 十六点零二分 2. 二十三点零五分 3. 四点零九分 4. 二十二点零七分
5. 十三点三十六分 6. 八点十九分 7. 一点零五分

nach Hause kommen

1. 他的同事想先去理发，再回家。 2. 钟经理想先去博物馆，再回家。 3. 李医生想先去喝葡萄酒，再回家。 4. 我的爱人想先去邮局，再回家。

Lückentext

喂，迎，几，钟，吗，问，今，起，关，你，理，先，店，家，吗，行，点，回，见，再

能 oder 会

1. 能，能　2. 会（能），会（能）　3. 会（能），会（能）　4. 能，能
5. 能

Können

1. 你能用我的盘子。 2. 他的女儿会（能）说德语。 3. 我现在不能来。 4. 我现在不能去上班。 5. 我现在不能回家。 6. 我不能吃鱼。

Struktur der Schriftzeichen

1. 认，识，欢，冷，喂，能　2. 星，零，高，今，分，家　3. 点，去，兴
4. 超，迎，进　5. 店，局　6. 因，回，四，国

Übersetzung

1. 你为什么现在不能回家？ 2. 欢迎你！ 3. 我不认识他。 4. 我今天很高兴。
5. 今天很冷。我们一起去博物馆吧！ 6. 我能不能喝你的红葡萄酒？ 7. 现在是四点零五分。我先去理发店，再回家，行吗？ 8. 现在不行！我理发。 9. 我为什么问你？因为，我想你认识他。

Lektion B11:

Anderer, andere, anderes

1. 我们去别的分店吧！ 2. 我们去别的国家。 3. 我们问别的人吧！ 4. 我用别的手表。 5. 我们去别的理发店。 6. 我认识别的人。

Minuten vor / nach…

1. 十六点差一刻　2. 十八点零五分　3. 十一点差十分　4. 五点二十五分
5. 十二点差二十分　6. 七点十二分

Dass…

1. 我知道她有事。 2. 我知道，他是中国人。 3. 我不知道，李经理明天去德国。
4. 他知道，我想去理发。 5. 我知道，她姓李。 6. 我知道，别的人今天下午去银行。 7. 我不知道，分店今天不开门。 8. 我不知道，我们的孩子不爱吃鱼。
9. 我知道，汤小姐想邀请我们。 10. 我知道，他的同学今晚来。

Dass…

1. 我不知道，她能说德语。 2. 我不知道，白医生想现在去酒吧。 3. 我不知道，现在是十点差一刻。 4. 我不知道，今天天很热。 5. 我不知道，钟经理不很高兴。

Dialog

1. 李倩，你明天下午有事吗？ 2. 明天吗？ 我不知道。明天是星期几？ 3. 明天是星期三。 4. 你想去哪儿？ 5. 我想上午去博物馆，下午去茶馆。 6. 对不起，我不能明天下午一起去。 7. 为什么？ 8. 因为我明天下午去上班。
9. 是吗？ 没关系！我们明天上午一起去博物馆，行吗？ 10. 行！明天见！

Übersetzung

1. 欢迎！请进！ 2. 我的先生现在不能回家。您能下午再来吗？ 3. 谢老师没有手表。 4. 请慢慢说！

Lektion B12:

这个星期，下个星期

1. 我的先生下个星期先去德国，再去英国。 2. 我的女儿这个星期先去法国，再去日本。 3. 我的孩子下个星期先去英国，再去美国。
4. 我的儿子这个星期先去中国，再去日本。

名字

1. 你的名字叫什么？我叫谢倩。 2. 你的名字叫什么？我叫李兴。 3. 你的名字叫什么？我叫关红。 4. 你的名字叫什么？我叫钟英。

Infinitiv mit „um... zu“

1. 你几点去分店见李经理？ 2. 她邀请我们一起吃晚饭。 3. 我去问别的人。
4. 我下个星期一去理发店理发。 5. 妈妈今天下午去咖啡馆见谢小姐。 6. 你为什么不去学校问白老师？

Fragewörter

1. 几　2. 哪儿　3. 谁　4. 哪　5. 几　6. 什么　7. 谁　8. 什么
9. 哪　10. 几

Leseverständnis

1. 李倩邀请三个同学。 2. 她的生日是明天。 3. 不，今天天很好。 4. 日本同学叫高明美。 5. 钟博星是美国人。 6. 他们很高兴认识他们女儿的同学。 7. 他们明天晚上去李倩的家吃晚饭。 8. 中国现在是上午十点差一刻。

Übersetzung

1. 我很高兴认识他。 2. 她哪天去日本？ 3. 她只认识美国人。 4. 美国很大。
5. 你今天几点下班？ 6. 分店五点差一刻关门。 7. 你们下个星期天有没有事？
8. 你这个星期三去哪国？ 9. 我们只有冷牛奶。

Lektion B13:

Situationswechsel

1. 我们的客人来了。 2. 早饭好了。 3. 天气热了。 4. 开水冷了。 5. 烤鸭好了。 6. 同事下班了。 7. 我们的孩子回家了。 8. 别的人来了。 9. 您的红茶好了。 10. 天气冷了。 11. 分店关门了。 12. 他今年三十岁了。

今年多大了？ 今年几岁了？

1. 李倩今年多大了？李倩今年三十四岁了。 2. 他的小儿子今年几岁了？他的小儿子今年四岁了。 3. 你太太今年多大了？我太太今年四十岁了。 4. 你的小女儿今年几岁了？我的小女儿今年两岁了。 5. 你先生今年多大了？我先生今年三十九岁了。

照片

1. 这是我们孩子的照片。 2. 这是我家人的照片。 3. 这是我的学校的照片。
4. 这是我们家的照片。 5. 这是我先生的照片。 6. 这是李律师的照片。
7. 这是白医生的照片。 8. 这是牛经理的照片。

Dialog

喂，高明。你现在下班了吗？是，我现在下班了。你今晚有事吗？没有，我没有事。我们一起去喝咖啡，好吗？行！你也有你家人的照片吗？有，这是我女儿的照片。她三岁。她真可爱。她的名字是什么？她的名字叫高红。你的儿子呢？这是我儿子的照片。他今年七岁了。他也很可爱。你有你家人的照片吗？有。这是我先生的照片。我们没有孩子。他很高！是，他是英国人。他的爸爸也很高。他的名字叫什么？他的中国名字叫李贵明。

真

真好，真贵，真高，真客气，真可爱，真高兴，真小，真慢，真冷，真热

Schriftzeichen

照，这 (oder: 邀，进)，刻，冰，家，理，起，校，四 (oder: 国)，红 (oder: 绿)，

迎，兴，别，超

Übersetzung

1. 下个星期是李经理儿子的生日。你知道，他有手表吗？ 2. 没关系！不客气！
3. 美国现在是十点差一刻，对吗？ 4. 我们的客人晚上几点钟来我们家？ 5. 她邀请我们吃晚饭。 6. 我听说，汤中生也去。 7. 你知道，明天是她的生日吗？

Lektion B14:

月

一月，二月，三月，四月，五月，六月，七月，八月，九月，十月，十一月，十二月

年月日

三月十日，四月四日，一月一日，五月七日，八月二日，九月九日，七月六日，二月八日，一九七一年八月十一日，二零零九年十二月一日，一八七六年六月二十三日，二零零四年七月二十四日，二零零三年九月十一日

生日

1．他的生日是十二月十二日。2．他的生日是四月四日。3．他的生日是五月二十六日。4．他的生日是十一月六日。5．他的生日是六月十四日。

在哪儿？

1．谢红的朋友在哪儿？她的朋友现在在物理系。2．高明的朋友在哪儿？她的朋友现在在生物系。3．小理的朋友在哪儿？他的朋友现在在家。4．李倩的朋友在哪儿？她的朋友现在在大学。5．白理的朋友在哪儿？他的朋友现在在美国。
6．钟律师的朋友在哪儿？他的朋友现在在英国。7．牛老师的朋友在哪儿？她的朋友现在在博物馆。8．李女士的朋友在哪儿？她的朋友现在在咖啡馆。

要

1．我要现在下班。2．我要现在回家。3．我的女朋友要七点差十分见我。4．我今晚不要喝酒。5．因为他要！6．他不要有孩子。7．可是，你为什么要现在吃饭？ 8．我们要一起去物理系开会。9．你要不要吃鱼？ 10．你要哪天去英国？
11．我要去见他。 12．我也要有手表。

Übersetzung

1．你不知道吗？没关系。2．她不会说英语，是吗？ 3．别的照片真好。4．你的小女儿今年几岁了？ 5．我很高兴，天气热了。6．他要这个星期三开会。7．孩子真可爱。 8．今天是星期几？

Lektion B15:

在… 工作

1．关红在钟表店工作。2．牛经理在银行工作。3．钟师超在博物馆工作。
4．汤先生在邮局工作。5．高明在理发店工作。6．白律师在酒店工作。
7．汤小姐在物理系工作。8．李开在德国商店工作。

在… 当

1．她在学校当老师。2．她在日本公司当律师。3．她在美国公司当工人。
4．她在中国公司当经理。5．她在理发店当理发师。6．她在医院当医生。

都

1．他们都想吃鱼。2．我们都不知道。3．学生们都不懂法语。4．学生们都会说英语。5．工人们为什么都不工作？ 6．孩子们都在家。7．大学生们都住在大学。
8．他的儿子都想学法律。9．照片都很好。10．德国人今天都不工作。11．同事

们今晚都有事。 12．学生们都想今天中午回家。 13．我们都很高兴认识你。 14．我们四点差十分都去博物馆见李倩。 15．可是，同事们都在美国。

他们都… 岁了

1．你的学生几岁了？ 他们今年都七岁了。 2．你的学生多大了？ 他们今年都十五岁了。 3．你的学生几岁了？ 他们今年都八岁了。 4．你的学生多大了？ 他们今年都十八岁了。

Ortsangaben

在钟表店，在公司，在学校，在博物馆，在美国，在家，在邮局，在日本，在别的国家，在分店

Satzteile

1．我现在在家喝白葡萄酒。我不在家喝白葡萄酒。 2．他们想今晚在饭馆吃饭。他们想今晚在家吃饭。 3．她在理发店当理发师。她在超市当理发师。
4．照片都在家。照片现在在家。 5．孩子今年住在英国。我们的孩子住在英国。
6．我不知道你在家有客人。我不知道你下个星期三有客人。

Leseverständnis

1. 谢女士的名字叫谢红。 2. 她是中国人。 3. 她今年五十四岁了。 4. 她有孩子。
5. 她有两个孩子。 6. 她在中国公司工作。 7. 她先生在学校当老师。 8. 她的女儿住在美国。 9. 她的儿子学法律。 10. 她的儿子住在德国。 11. 她的孩子都不住在家。
12. 她先生在学校工作。

Übersetzung

1．这是我小女儿的照片。她真可爱，对吗？ 2．你的先生很客气。 3．开水现在冷了。 4．现在是一点差五分。 5．明天是高明的生日。朋友都想去他的家。 6．你的生日是哪天？ 7．今天是八月一日星期天，你不知道吗？ 8．大学的钟表店今天关门。你知不知道别的钟表店？

Lektion B16:

和 als „und“

1．我和谢红在大学买英语书。 2．我和谢红在书店买汉语书。 3．我和谢红在超市买日语书。 4．我和谢红在商店买汉语书。 5．我和谢红在书店买法语书。

1．他去买啤酒、果汁和水。 2．他去买茶、牛奶和咖啡。 3．他去买猪肉和鸡肉。
4．他去买水壶和盘子。 5．他去买可乐和葡萄酒。

和 als „mit“

1．他和她想今晚去酒吧。 2．她和谁下午去博物馆？ 3．他和他的朋友星期五一起去学校学汉语和法语。 4．他和他太太星期天去中国。 5．他和白老师一起去物理系开会。

Dialog

1．你为什么要去商店？ 因为，我要去买葡萄酒。 2．你为什么要去超市？ 因为，我要去买水果。 3．你为什么要去钟表店？ 因为，我要去买手表。 4．你为什么要去书店？ 因为，我要去买汉语书。

月日

小学二月三日开学。 中学八月三十日开学。 大学十月二十二日开学。 学校九月十五日开学。

李超的一天

她七点钟吃早饭。 她是中学生。 她上午学汉语和物理。 她中午在学校的饭馆吃饭。 她五点见她的朋友。 她的朋友是法国人。 是，她一个人去超市。 她在书店买英语书。 她在超市喝咖啡。 她六点半回家。 她很高兴她回来了。

忙

他今天很忙。 他为什么很忙？ 她在公司很忙。 你很忙吗？ 我和他都很忙。 我的朋友们很忙。 李女士在大学很忙。 白医生在医院很忙。

Übersetzung

1．李先生和李女士在小学当老师。 2．工人们都要今天十七点钟下班。 3．你几点钟回来？ 4．照片现在好了，对吗？ 5．日本大学生都不住在大学。 6．高先生在美国公司当律师。 7．她的生日是十一月十九日。她今年三十七岁了。 8．我要今天十二点钟在生物系开会。 9．你的小儿子真可爱，他几岁了？ 10．你明天有没有事？ 11．明年，他上学。 12．他家人都住在德国。 13．天气冷了。 14．我去问别的人。

Lücken füllen

1．我和李倩、关红　2．我和高超、钟贵生　3．杯子、盘子、碗和水壶
4．猪肉、牛肉和鸡肉　5．可乐、果汁和冰咖啡　6．我和我爸爸、他爸爸

Struktur der Schriftzeichen

1．汉，住，忙，作，和　2．多，公，要，岁，当　3．点，照，去，系
4．局，名，差，店　5．司　6．了，气，日，本，月

Unvergessliches Chinesisch, Stufe C

Die Stufe C baut nahtlos auf der Stufe B auf. Ein Schwerpunkt liegt auf alltäglichen Themen wie Farben, Telefonieren, Einkaufen sowie einfachen Orts- und Wegbeschreibungen. Einen zweiten Schwerpunkt bildet die Fähigkeit, Erlebtes zu beschreiben und zu erzählen. Nach dem Studium von Stufe C ist man in der Lage, andere aktiv an seiner Erlebniswelt teilhaben zu lassen.

Mit dem Band wird der Sprachlevel des HSK 1 erreicht und überschritten. Der HSK 1 ist die erste Stufe der Sprachprüfung des chinesischen Bildungsministeriums und erlaubt eine objektive Einschätzung der Sprachkenntnisse.

Lehrbuch: ISBN 978-3-940497-61-1, 166 Seiten, 18,90 €

Arbeitsbuch: ISBN 978-3-940497-19-2, 136 Seiten, 14,90 €

Audio-CDs: ISBN 978-3-940497-20-8, 2 MP3-Audio-CDs, 24,90 €

Lernkarten Unvergessliches Chinesisch - Stufen A bis D

Passend zu den Büchern der Stufen A bis D von „Unvergessliches Chinesisch“: Die Vokabeln aller Lektionen auf 840 doppelseitigen Lernkarten zum Lernen, Üben oder Wiederholen

Nach Lektionen sortiert sind alle 836 Vokabeln der Stufen A bis D auf doppelseitigen Lernkarten zusammengestellt. Die Vorderseite einer Karte zeigt das Wort in chinesischen Schriftzeichen, die Rückseite die deutsche Bedeutung. Eine kleine Notiz am Rand gibt die zugehörige Lektion an. Vier Blanko-Karten erlauben es, eigene Vokabeln zu ergänzen.

Die Karten eignen sich ideal für Selbstlerner zum Wiederholen der Vokabeln oder zum Legen und Lesen eigener Sätze. Im Unterricht können die Karten zum gegenseitigen Abfragen oder für Wortspiele verwendet werden..

EAN 4280000116-05-5, 840 Karten, 59 x 91 mm, 39,90 €

Unvergessliches Chinesisch, Zeichentafel, Stufen A und B

Die 213 Schriftzeichen der Stufen A und B auf einen Blick: Die Schriftzeichentafel im Format DIN A1 (59,4 x 84,1 cm) fasst in übersichtlicher Weise sämtliche Schriftzeichen der Stufen A und B auf einem Poster zusammen.

Zu jedem Zeichen sind die Strichreihenfolge, das Pinyin und die deutsche Bedeutung angegeben. Das Poster eignet sich ideal, um sich bequem Schriftzeichen ins Gedächtnis zu rufen und deren Schreibung nachzuschauen. Farbliche Markierungen helfen, ein Schriftzeichen der Stufe A oder Stufe B zuzuordnen.

ISBN 978-3-940497-09-3, DIN A1, 7,90 €

Unvergessliches Chinesisch, Kurzreferenz der Stufen A bis D

Nachschlagen und Wiederholen: Alle Vokabeln sind übersichtlich in Deutsch und Chinesisch aufgelistet. Die Schriftzeichen können schnell alphabetisch oder nach Lektionen sortiert nachgeschlagen werden. Eine Liste der Verben, gegliedert nach zustandsbeschreibenden, transitiven und intransitiven Verben, gibt Auskunft über Infinitiv- und Vergangenheitsformen.

Eine Zusammenfassung der Grammatik mit Beispielen, Tabellen für Zähleinheitswörter, Zeit- und Richtungsangaben sowie eine Liste aller Mustersätze mit Übersetzung runden das Buch ab.

ISBN 978-3-940497-48-2, 96 Seiten, 9,90 €

Vorbereitung HSK-Prüfung – HSK 1

Der Hanyu Shuiping Kaoshi (HSK) ist der zentrale Test der Volksrepublik China für Chinesisch als Fremdsprache. Das Buch dient dazu, sich im Selbststudium auf die Grammatik, Schriftzeichen und Vokabeln der Stufe 1 des HSK vorzubereiten (HSK 1). Es orientiert sich an der Prüfungsstruktur, die 2010 neu eingeführt wurde.

Es werden alle Prüfungsformen entsprechend des neuen Prüfungsformats intensiv geübt. Lösungen zu den Aufgaben erlauben eine Selbstkontrolle. Der Anhang enthält eine komplette Zusammenstellung der Grammatik des HSK 1. Im Buch ist eine Audio-CD zum Selbsttraining enthalten.

ISBN 978-3-940497-36-0, 152 Seiten, 14,90 €, inkl. Audio-CD

Vokabelkarten Chinesisch, Grundwortschatz Teil 1

Die wichtigsten chinesischen Vokabeln auf handlichen Vokabelkarten zum Lernen und Wiederholen:

Auf 306 Vokabelkarten (53 x 78 mm) ist der Wortschatz des neuen HSK 1 und HSK 2 zusammengestellt. Jede Karte zeigt ein Wort auf Chinesisch, in Pinyin und auf Deutsch. Mustersätze beschreiben die Verwendung der Vokabeln.

Der Wortschatz ist am offiziellen HSK 1 und HSK 2 orientiert.

EAN 134280000116024, stabile Schachtel, 306 Karten, 14,90 €

Leise hör' ich Blüten fallen – Gedichte aus der chinesischen Klassik

China erlebte zur Zeit der Tang-Dynastie von 618 bis 907 n. Chr. eine kulturelle und wirtschaftliche Blüte. Die Weisheiten der chinesischen Klassik vereinen sich in Reimen auf Deutsch und Chinesisch zu einer Melange aus Gefühl, Sehnsucht und Harmonie. Ergänzt werden die empfindsamen Gedichte durch kurze Darstellungen der Dichter und ihres Lebensumfeldes. Alle Gedichte sind zweisprachig in Deutsch und Chinesisch ausgeführt. Das Buch enthält eine Audio-CD der chinesischen Gedichte.

ISBN 978-3-940497-59-8, 136 Seiten, 14,90 €, inkl. Audio-CD